一切佛弟子的根本上師：釋迦牟尼佛，宣說《三摩地王經》，是大手印教法經教源起紀錄。圖為印度佛陀成道地菩提迦耶正覺大塔的佛陀像，極具加持力。

站立說話時安住禪定，
坐下行走時安住禪定，
智者使三摩地達到圓滿。

《三摩地王經》第七章

秋吉林巴大伏藏傳承持有者——帕秋仁波切。

你所看到、聽到和經歷的一切，
都可以成為無有間斷的禪修。

帕秋仁波切

目次

第十三章　奉持佛法

大地能夠和山林一起裂開，
海水同樣也可以分開，
日月可以墜落地面，
但是勝利者的言教永不改變。

《三摩地王經》第14章

| 英文版推薦序 |

通往覺醒的永恆安樂道

文／確吉尼瑪仁波切（Chokyi Nyima Rinpoche）

釋迦牟尼佛曾經降生於此世間並宣說佛法，這對那些與佛法有連結的人們來說，是巨大的福德與幸運。於是，幸運的我們至今仍可閱讀和聆聽佛陀教言，並受教於當代住於世間的上師座前，將佛陀的教導直接實修入心。對佛法修行者而言，保存著釋迦牟尼佛話語的經典，是修習佛法的首要根據，並以闡述這些珍貴佛語意義的註釋論典為輔助。當我們依循佛陀教導作為個人佛法修行基礎時，就能得到不可思量的大加持。

帕秋仁波切擷取《三摩地王經》中佛陀教言，作為本書《禪定之王》（*In the Footsteps of Bodhisattvas*）的法教基礎。由於佛陀親授的教言是佛法最純粹的根源，所以這些法教無疑能帶領我們走上通往覺醒的永恆安樂道。我十分歡喜帕秋仁波切寫了這本書，因此我邀請大家研讀這些文字，並將書中的指引放到心中，真誠而直接地在個人經驗中應用所學到的佛法。如果你能夠這樣做，這些法教無疑會為你帶來很大的利益。

確吉尼瑪仁波切

寫於尼泊爾加德滿都「博達大佛塔」

2020年5月22日

｜英文版編輯序｜

來自佛陀的贈禮

文／傑克・德塔爾（Jack deTar）

應用本書指導的任何人，都可以從恐懼和不滿足轉變為自信和喜悅。本書所包含的佛法禪修精要，是來自一位正統佛法上師，他從佛法經典中擷取教言，提供給希望能成為這個混亂世界中一盞明燈的人。

這本書的內容，是帕秋仁波切數年之間於全球各地的傳法開示。我記得一群親近的學生聚集在尼泊爾博達大佛塔區，大家坐在仁波切起居室的地板上，在擺滿仁波切先輩傳下珍貴佛像的木製佛龕前喝茶，全神貫注地聆聽仁波切陳述慈悲的本質。盛夏時節的紐約庫柏斯敦（Cooperstown），在仁波切的閉關中心裡，仁波切用《三摩地王經》的根本頌，生動地向弟子們開示禪定的真義；秋天的紐約中央公園旁一間舒適的公寓裡，仁波切則描述了對於一個沒有痛苦的心靈來說，事物是如何顯現的。在以上每一個時空中，仁波切都依據釋迦牟尼佛的教誨，帶領我們直趣佛陀智慧的核心。

佛陀的法教被稱為「經」，而本書是以《三摩地王經》（也以其梵文標題 Samadhiraja Sutra 聞名）這部佛經為基礎。此經被認為是大乘佛法中關於禪修的法教裡，最有影響力的經典之一。大乘佛教或「偉大車乘」佛法教導我們，了悟空性（shunyata）和大悲

（mahakaruna）的無二無別時，證悟就會到來。此處空性是指在內在自身或外在世間的顯相中，無法找到任何穩固恆常的實際存在，大悲則是沒有參考點的慈悲，類似無條件的愛。佛陀說，培養正確的行持、禪修和勝觀智慧，就能證得深妙的悲空不二。

《三摩地王經》正是針對行持、禪修、智慧這三個主題而宣說，其中包含了強大的佛法力量，穩定地引導我們進入恆久而堅不可摧的禪修證悟，解脫痛苦。三摩地通常粗略地被譯為「禪定」，而「raja」是國王的意思，這就是為什麼《三摩地王經》通常被稱為禪定王經。雖然將「三摩地」這個詞等同於「禪定」是很方便的說法，但帕秋仁波切不希望我們簡化對三摩地的理解，以為它僅是一種專注狀態或是感覺良好的虛無。

在這本書中，仁波切一再提醒我們，最高的三摩地超越止定、超越概念。當你將正確的實相見地、真誠的佛陀禪修行持，和至高無上的利他事業結合在一起時，究竟的三摩地就會自然而然現前。培養慈、悲、喜、捨四無量心，可以增強三摩地。透過善巧辨明自己是誰、自身由什麼構成，以及此生要去向哪裡等問題，則能夠得到禪定的果位。在本書中，我們學習如此修行和觀照，而能夠自然地放下、放鬆，進入空性與慈悲無二的境界。

本書以《三摩地王經》中帕秋仁波切最喜愛的諸多引言出發，編排成書。仁波切閱讀他個人收藏的這本佛經，並從藏文中選擇了他認為對修行最有助益的經文。然後，他要求王子翻譯和出版（Lhasey Lotsawa Translations and Publications）的譯師奧麗安・拉沃勒（Oriane Lavole）將這些引文翻譯成英文。這些引文在本書中的呈現順序，與長達數百頁的原典順序不同，在本書的彙編過程中，我們提煉和組織了這些引文，以作為帕秋仁波切學生和讀者的修持途徑。這些引文都是佛陀的話語，值得修行者在自己的覺證中細細思考、品味和應用。

這是一本寫給初學者的書，同時也為了那些以佛法為生命核心的人而寫。本書非常適合從頭到尾全文閱讀，並且花一週、兩週、一個月或一年的時間依序完成每章末所附的練習。另外一種讀法是隨時打開任何章節，並從其中文字收集靈感，這種方法也能有所幫助。

總的來說，這是一本充滿智慧的書一不是古老圖書館裡衰疲而塵封的智慧，而是鮮活且靈敏的智慧，這種特別的智慧鮮活地躍動在佛法成就者們的眼神和行動之中。本書中滿盈帕秋仁波切和他所屬傳承的明晰法教，那個歷史悠久的開悟上師傳承，一直向上追溯到佛陀本人。這些法教口訣都是來自修持成就而離苦得樂的上師，上師們將自己的智慧傳授給帕秋仁波切，仁波切現在將這份智慧傳予我們。

每當仁波切傳授《三摩地王經》的開示時，他看起來總是充滿了英勇與氣魄。這就是佛語的贈禮。這些法教給人勇氣，引領我們善巧地跋涉過人生的崎嶇道路，到達覺醒的幸福家園。這是一條屬於菩薩的道路，而我們在這裡，受邀跟隨菩薩的腳步前行。

帕秋仁波切以極大的慈悲指示我編撰這些法教。若本書中有任何過失或謬誤完全是我的責任，而閱讀這本書若能帶給您任何利益，則完全是仁波切的慈恩。

傑克·德塔爾
紐約市
2019 年10月8日

謝辭

文／帕秋仁波切

我謹在此向怙主堪布仁波切[1]表示感謝。在我剛開始研讀《三摩地王經》時，堪布仁波切為我回答了許多問題，並向我揭示這部經典被奉為西藏禪修傳統圭臬之一的原因。這位前輩禪修大師也深深敬重這部經典。他對《三摩地王經》的重視與欣賞，足以激勵他的朋友和學生去學習這些佛語。

我也感謝傑克・德塔爾為我在撰寫本書時提供襄助。感謝我的秘書約書亞・福斯（Joshua Fouse）幫助所有事務的進行，並感謝奧麗安・拉沃勒翻譯原典引文以及她為王子翻譯和出版所貢獻的努力。艾倫・波普（Alan Pope）和利比・霍格（Libby Hogg）努力編輯了這本書的手稿，也謝謝許多僧團成員在本書成書過程中，幫忙謄寫我的法教。

編注1：此處仁波切指怙主堪仁波切札西巴滇（Kyabjé Khen Rinpoche Tashi Palden）

｜導言｜

問答中的俱生智慧

文／帕秋仁波切

這不是一本單向呆板的禪坐訓練手冊。這本書教導我們，當在生命中適當地齊聚出正確的因緣條件時，禪修無形的核心本質將會自然出現。這個本質是慈悲和喜樂，完全無法執取；然而，它可以被證得。你難道不想得到這個證悟嗎？

為了證悟實相而得到徹底的自由，我們需要修行大乘佛法的基本法教。我們不能偏執於單一的禪修技巧，也不能把禪修從見、修、行中獨立出來，而期望獲得豐碩成果。禪修技巧必須放在正見、禪修和行持的框架中來修持，必須將生命的各個層面與真切的實修結合。這就是佛教所說的「行於法道」。如果能夠做到這一點，就毫無疑問地能夠實證真實禪定的開放之心。

與其他佛法書籍一樣，在本書中可以找到實修練習和禪修方法，而本書特別的是許多節選自《三摩地王經》的佛語，這些教言本身就指出了一條清晰的修行之路。這部經典全部有40章，我從中挑選出我自己最喜歡的多則引言，將它們編入本書。我們學習、修持的是佛陀教言，如果讀者能花時間思考這些段落，並應用每章提供的禪修指導和修持方法，無疑會體驗到積極的成果。

除非是擁有諸多佛經藏書的佛法學者們，能夠直接閱讀經典，否則現今坊間的佛法出版物中，有多少書籍能讓我們真正閱讀到佛語？我們雖然讀過很多大師的名言金句，但在日常生活中，有多少機會能直接引用並修持佛陀的言語呢？透過閱讀和品味佛陀的教言，使我們能夠了解到佛陀具體的教導內容是什麼，因而能獲得殊勝的信心和莊嚴。每當我親炙佛陀的教法時，對實相的洞見就會出現。

大乘之道

這部《三摩地王經》不屬於任何特定傳承，它屬於每個人。你可能對禪修感興趣，或者你是曹洞禪宗、藏傳等任何其他佛法傳承的學生，這個法教都可以利益你的修行。《三摩地王經》屬於大乘佛法傳統中的經典，佛陀法教中的大乘之所以被稱為「大」，是因為它的目標是讓一切眾生從痛苦中解脫，證悟人無我和法無我這兩種空性。

大乘佛道的核心是菩提心，即覺醒的慈悲心。根據二諦實相兩種層面來劃分菩提心，可分為相對菩提心和究竟菩提心。相對菩提心是我們在法道上所修習的主題，又包括兩個部分，即願菩提心和行菩提心。願菩提心是慈、悲、喜、捨四無量心的培養。透過四無量心的訓練，心會趨向無私利他和安定。行菩提心是指六波羅蜜的修持：布施、持戒、忍辱、精進、禪定等五項，以及含攝以上各項修持的第六個波羅蜜——智慧。

透過這些方面的訓練，可以利益他人，並在生命中安排助緣來支持修行。本書教導我們如何統合所有這些修行法門，以生起究竟菩提心，這正是圓滿證悟的境界，無上的三摩地。

《三摩地王經》

我10歲的時候開始學習禪修的方法，但直到16歲才開始有效練習，並且又過了三年，我才開始體驗到禪修的真正好處，比如變得更加具有正念和慈悲。21歲時我在印度宗薩佛學院（Dzongsar Shedra）學習，接觸到《三摩地王經》，但是到31歲才真正開始深入探索這本經典，並持續研讀了七年。當我開始詳細研究這部經典時，我發現自己一生所聽聞、思索、修行的許多東西都與這部經典直接相關。我還發現在這部大乘佛經中，佛陀也教導了在藏傳佛教金剛乘當中所使用的方法。

我希望金剛乘修行者在接觸到這本經典，並發現其中有某些與金剛乘佛法相同的面向時，會增加他們對自己修行的信心。我們有些人認為自己屬於大手印禪修傳承，如果你就是這樣的修行者，要知道大手印法道其實正是來自《三摩地王經》法教。這部經典本身的結構組織方式並不像傳統的大手印手冊；大手印手冊是在這部經典成書數百年後出現，由偉大的上師們在這部經典的基礎上發展出來。傳統上，大手印手冊會有60個連續的修行次第，此經典則沒有，它的呈現方式是佛陀和菩薩——那些透過修行菩提心而步上圓滿覺醒之路的人——他們之間的問答。《三摩地王經》教導了如何善巧行持、如何善巧思考以及如何利用看起來像是物質主導的世界，作為心靈修行的支持，並且給予如何擺脫困境的明確建議，讓俱生智慧能夠自然而然地現前。

這部經典本身充滿了直接切入禪修本質——三摩地——的故事。幾千年來，這部經典一直是僧侶、尼師、瑜伽修行者和在家修行居士的良伴。我希望你從這個源頭學習禪修，與佛陀建立聯繫，並開始像過去的禪定大師一樣修行。

大乘佛經的訊息

除了著名的《三摩地王經》，佛陀在靈鷲山也講授了許多其他經典。事實上，佛陀許多看似各異的法教，都以令人驚嘆的方式相互呼應。例如當我們去看看有名的《心經》如何和《三摩地王經》互相關聯時，能夠幫助我們更了解《三摩地王經》的意圖。

《心經》描述的是佛果的境界。當你手裡拿著《心經》的時候，你其實正拿著成佛的境界。當你讀《心經》時，你會看到無道、無智亦無成就、無無成就等等法義。讀到這些，你可能會想：「這是哪裡來的瘋狂說法？佛陀明明有教導法道和修持，也給予過種種讓人可以離苦得樂的開示，這是怎麼回事呢？」

《心經》講的是：一切都是心，心是空，空性是明，明是覺。清淨的覺性就是佛果，佛果境界沒有道路可以到達，那個境界沒有成就也沒有無成就，那個境界超越了構成我們全部經驗的色、受、想、行、識五蘊。

如果我們夠幸運能受到指導，得知如何透過禪修來體驗這種解脫的清淨覺性，我們也無法維持很長時間，也許只有幾秒鐘。《心經》描述了開悟境界，但它並沒有教我們如何實際達到開悟。

我常講的經典還有另一部《聖臨終智大乘經》。這部經非常簡短，並提供了有關達到《心經》中所描述狀態的濃縮版指示。古代西藏有一位國王，每天都會讀《心經》來釐清自己對實相的見地，但他也常常讀《聖臨終智大乘經》來作為禪修指引。

現在，有一個要點：正如《心經》是《般若經》八萬偈的濃縮，同樣可以說《聖臨終智大乘經》是《三摩地王經》的濃縮。我們可以看看《聖臨終智大乘經》中的這一段，來了解在以《三摩地王經》為基礎編寫而成的本書中，我們將如何學習禪修：

> **虛空藏菩薩，在死亡的時候，菩薩應當修臨終智慧。**
> **臨終時的智慧包括以下：**
>
> **由於一切現象本來都是清淨的，**
> **所以要深入修習無實存的觀念。**
>
> **因為一切現象都含攝在菩提心之中，**
> **所以要深入禪修大悲心。**
>
> **因為一切現象都是自然光明的，**
> **所以要深入修行沒有參考點的無所緣觀。**
>
> **由於一切物質都是無常的，**
> **所以要培養對任何事物無所貪執。**
>
> **當證悟心性時，就是本初智慧。**
> **所以，要修不向他處尋覓佛果之觀。**[2]

以上這個指引非常深刻，它總結了大乘法道的所有修行要點。透

編注2 《聖臨終智大乘經》漢譯版引自「圓滿法藏．漢藏佛典」：https://deerpark.app/kuma.today/toh0122

虛空藏！菩薩臨命終時，應修臨終智。
是中，臨終智者，謂：一切法自性清淨故，應修無實想。
一切法集於菩提心故，應修大悲想。
一切法自性光明故，應修不可得想。
一切有為法無常故，應修無所貪著想。
若悟心者，是為智慧，是故應修佛果不假外求想。

過《三摩地王經》的教導，我們將充分直接地運用這些指示。

禪修的本質

生活在21世紀世界的人們應該明白，真正的禪修能帶來完全的自由。如果不理解這一點，那麼我們就有可能稀釋了禪修的意義，將禪修簡化為只是坐墊上的簡單冥想，以使自己感覺平靜。如果你所尋求的是解脫痛苦，並希望與實相建立深刻的關係，就必須讓生命中所有經歷都成為禪修。

我希望讀者能將本書概述的觀點見地和禪定練習，視為一條道路，或作為個人目前正在修持之真實禪修傳統的強大支持。這些禪修方法對過去的無數實修者都有效，現在它們也將同樣對我們有效。你所看到、聽到和經歷的一切，都可以成為無有間斷的禪修。我希望這部經典能給你真實的指導。我希望它能讓人立即受益。就我個人而言，《三摩地王經》對我影響深遠。我希望這本書能讓眾生真正快樂。願此書之功德，讓那些已證得最高禪定三摩地王之諸佛菩薩所發起的清淨善願，能夠圓滿實現。

第1章 三摩地王

有一種三摩地禪定，
它能夠帶來圓滿的證悟與完整的勝解，
並且能夠由此自然開展出無量的功德特質，
這種禪定就稱為「大平等三摩地」。

這是諸佛的智慧之路，

一切現象之印，

圓滿、遍知的智慧。

《三摩地王經》第一章

在北印度聖地靈鷲山中，纍纍的巨石之間，開闊的天空之下，佛陀曾與許多菩薩一起駐錫於此。據說正是在靈鷲山裡，佛陀開示了許多大乘經教。那時有無數眾生聚集在一起，在佛陀座前領受他的智慧。

有一天，一位相好莊嚴的菩薩來到佛陀身邊，他的名字是「月光童子」。當時佛陀正安住於究竟實相的證悟之中，月光童子恭敬地跪下祈請，懇請佛陀這位覺醒者轉動法輪，闡說禪修的圓滿修持法。他想學習的是最圓滿的行持、最圓滿的禪修和最圓滿的智慧。

佛陀充滿喜悅地注視著月光童子說，因為佛陀已經證悟，所以他能夠教導月光童子。佛陀告訴月光童子，有一種三摩地禪定，它能夠帶來圓滿的證悟與完整的勝解，並且能夠由此自然開展出無量的功德特質，這種禪定就稱為「大平等三摩地」（samadhi of great equality）。於是佛陀開始宣說《三摩地王經》，完美無瑕地解釋從無明到開悟的進程，讓在場聆法的所有人都法喜充滿。

超越輪迴

《三摩地王經》教導我們，要活出自然秉性中的善良、溫柔與慈愛。它指導我們如何清楚明晰地觀看、有條有理地發言，並指引我們如何思考佛法與持守正念力。這些修持的成果，將能夠淨除習氣，讓修行者明白如何超越輪迴之苦，終結無盡痛苦的循環。

首先應該如法修持《三摩地王經》法門，以證得究竟禪定為目標，接下來，我們的生命自然就會成為如是禪修。

我們都想增進智慧，都希望自心能像群山峻嶺一樣毫不動搖。我們不願意在佛法修行上退轉。相反地，我們都希望廣增善德，減少惡行。我們都想通曉他人內心的想法，以便能夠幫助他們。我們希望出離世間苦。我們不想要自己心中軟弱和孤僻的那一面。我們想知道如何解悟佛法，如何調伏自心。我們想知道如何開解自己和他人生活中的衝突。我們希望能看到一切事物自然清淨的那一面。如果以上這些都能如願，我們將會感到多麼開心。事實上，我們甚至將超越喜悅，超越世俗的快樂。

佛陀在靈鷲山上所教導的究竟三摩地禪修，並不是一種全神貫注的入神狀態。究竟三摩地並不能夠經由努力而培養出來的，它也不同於我們習慣附加在日常生活之上的心理投射。它是非造作的，是對實相真實本性的認識。究竟三摩地是心之空性的生動性，其中沒有任何恆久的自我認同，它是純粹清淨的覺性。

創造積極條件

為了獲得這個了悟，就要創造積極的助緣來支持證悟的開展。以下引自《三摩地王經》的經典文句，描述了應該如何集聚善緣。

> 不要蔑視受苦者，要施予他們財富；
> 不要輕視貧困者，對戒律不嚴的人要懷有慈悲心；
> 以布施贈禮、慈心和佛法來利益眾生；
> 要給予物質上的財布施。

《三摩地王經》第一章

這種修行不是花很長的時間坐在禪修墊上就可以了，這是一條生命中每時每刻都在修持的道路。從世俗諦上來說，我們要從訓練禪修技巧開始走上修行路，成為更好的人，沒有虛偽矯飾。從某種意義上說，修行者會成為一個真切、實在的人，同時轉心朝向證悟究竟實相。

運用善巧，丟掉性相，拋棄概念。

《三摩地王經》第一章

要有善巧，就需要正念。此處「正念」是指能夠辨別什麼應該採納，什麼應該捨棄。要有能力意識到心中各種不同的心理狀態，知道自心是負面消極還是良善積極，也必須清楚知道自己是在傷害還是助益自他。為了做到這一點，必須觀察自心動機，善巧地捨棄害心，而能夠創造出善心所生的福德。這種正念需要持續的修習與精進，才能得到成果，聚集座上修的助緣，幫助禪定勝觀的開展。

證悟之路

佛陀告訴月光童子，初機禪修者首先要專注於佛身，以佛陀身相作為對境。佛陀指示我們，要將心安定在佛陀身相之上（在此處這就是對佛陀的觀想方法），面對佛陀身相所代表的崇高品質時，讓心中保有開放的態度。如此修持能夠培養出專注的力量，然後再將這個專注力應用於審視自心。審視自心之後，就放下執著，不再認為現象具有不變與固定的性相，由此發展出證悟空性的強大覺醒力。

依止空性，依止無有性相，了悟無求的本質。

《三摩地王經》第一章

了悟的強度發展完備之後，我們完全拋棄種種概念。拋棄一切概念之後，就安住在無可言說的實相中。

得到佛的加持時，
你將會知道究竟的實相。
而了解究竟實相時，
就沒有什麼還需要言說的了。

《三摩地王經》第11章

捨棄概念時，我們將達到無所畏懼，擴展出遠離概念的清晰覺性，並且保持戒律清淨無染。

獲得無所畏懼，
傳播智慧之光，
持守清淨戒律。

《三摩地王經》第一章

沒有比這更高的證悟了。透過教導這個法門的佛典《三摩地王經》，我們連結上真正的佛，那就是覺醒的心。

這條修持道路有時可能會讓人心生懼怕，我們對於什麼是出離或棄除習氣，感到困惑不解。這種憂懼很多人都經歷過。恐懼生起時，請憶起佛陀的話語，那是有很幫助的。佛陀說：「若求世間安樂，修行《三摩地王經》則必得世間安樂；如果追求的是阿羅漢的喜樂，就會獲得遠離情緒煩惱的喜樂；如果一個人的目標是成就圓滿證悟的佛果，那麼修習這個甚深三摩地，就會讓心得到徹底淨化、廣大智慧以及超越言詮的圓滿覺醒力。」

它摧毀了所有的感知取相，因此稱為三摩地。
它不會引起煩惱，
它清淨、清晰、光明、不動搖、無因緣，
這是菩薩的境界。

《三摩地王經》第13章

第2章 唯「我」是苦

只有證悟「無我」，
才能完全擺脫執著，
得到安穩的大自在三摩地。

任何有自我執著的人，就在痛苦之中。

《三摩地王經》第14章

在生活中我們常常會感覺受到侵犯與挑釁，不論是在通勤上班的路上、在餐廳吃飯或是與家人交談時，都有可能發生。我們是如此恐懼受傷，恐懼痛苦，恐懼地獄。事實上，這樣的恐懼讓人已經時時刻刻都在涉足地獄。每當感到驚慌、憂慮時，就踩進了地獄，而我們幾乎總是以憂心與恐懼來應對每件事。預設他人總會以瞋怒對待自己，這讓人耗盡能量，並且一直置身於恐慌狀態之中。

面對肯定會遷變的無數情境，卻心有執念，這個執著讓人身陷地獄，因為一切事物本來就無有實質存在。生命中的種種境況，比如頭髮的顏色、青春滋潤的皮膚或衣服的品質，是讓人相信「我」真實存在的基礎。然而，你走遍整個世界，試穿各式裝扮，遇見許多人，卻仍然不會找到一個「我」。雖然總在自己的經驗中心尋找真正的「我」，但是無論依靠什麼感官來尋找「我」都無處可尋。你可以試著用舌頭嚐「我」，用鼻子聞「我」，或用眼睛看「我」，但仍然無法指著什麼說：找到了，這就是「我」！不要只聽我說就相信——請看！看看你能否找到那個真實、不改變的「我」？

第一：尋找身體中的我

眼、耳、鼻皆無實。舌、身、意皆無實。

如果這些感官實有，神聖的修持道路有什麼益處？

《三摩地王經》第九章

我們會相信有一個堅實而真實的「我」，主要原因是因為有這個身體。但請想想：沒有任何一個事物不是由其他事物組成的。每個東西都是由各個組成部分組合而成，每個部件又是由更多的組成部分組合而成，無限持續下去。看到一個形體時，你稱呼它為椅子，但是如果去搜尋「椅子」這個東西，它在哪裡？那裡有一個扁平的木質座板，一片木質背板，以及四條椅腳，全部釘合在一起。你可以從這些組合當中分離出一條椅腳，去尋找它是否在本質上具有腳的本性，但是結果只會找到木質纖維的組合成分。如果再深入觀察的話，會發現木頭中的原子和次原子粒子，以及這些細小粒子的無限分割。對身體進行同樣的分析時，就會發現身體同樣只不過是一個聚合體，是許多較小部分的組合。

所以，問題是，你的身體是你嗎？如果是的話，你是身體的哪個部位？是手嗎?手就是你嗎？手是用什麼做的？皮膚、骨骼、血液和神經？如果砍掉手，是不是就砍掉「我」的一部分？如果切割身體的話，切到什麼程度會切到真正的「我」？但是，如果說「我」不在身體裡面，又在哪裡呢？

雖然身體是生起錯謬我執的強大憑藉，但是在大乘佛教中，身體並不被認為是根本的罪惡。問題不在身體，問題出在對身體的依戀，是貪執造成進一步的複雜問題和干擾。造作不善行為時，動機大多數時候是為了滿足色身的需求。例如偷竊和暴力行為的發生，往往是因為想要保護身體。雖然人生的所有經驗不只有疾病、衰老和死亡，但事實上，生老病死是每個人都不可逃避的生理經驗。自己的身體或所愛他人的身體遇到意外事故，都是不可避免的。佛陀說，必須記住肉身註定會老朽壞滅的這個事實，並了解過度執著這個身體是多麼毫無意義。除此之外，更重要的是要認識到：無法找到一個單一、完整且真正存在的實體，能夠被稱為「我的身體」。

第二：在心中尋找「我」

人們可能會試圖將「心」視為「我」。但是，任何尋找「心」的嘗試都是徒勞無功的。心不受五種感官控制。如果試著說心是這樣或那樣的，說它有什麼顏色、形狀或氣味，或者企圖將它定位在身體之內或身體之外，所有這些想法終究都會失敗。即便如此，這個如此難以捕捉的心，卻創造了我們所擁有的這個生命的所有面向。所有的痛苦都是由「心」這個甚至無法辨識的東西造成的。因為「我」並不存在，因此所有想具體化出來一個「我」，和所有想去保護這個「我」的意圖，種種為了「得到持久快樂」而勤作的努力，從一開始就註定不會成功。只有證悟「無我」，才能完全擺脫執著，得到安穩的大自在三摩地。

看到持有多重見地之眾生所受的痛苦，
所以您傳授的佛法是非善非惡的無我法。

《三摩地王經》第14章

佛說三種苦

佛陀把苦分為生理上的苦、心靈上的苦和匱乏之苦。例如，想像一下，有一天你早上醒來，從床上坐起來，但甚至在起身讓腳碰到地面之前，你就感到灼熱的疼痛，就像有人剛剛用一把刀刺進你的腹部一樣。這是第一類痛苦：身體上的痛苦。你意識到必須去看醫生才能找出自己出了什麼問題。經過好幾個小時的醫學分析和血液檢查後，醫生說你患有一種無法治癒的可怕疾病。伴隨這些壞消息而來的痛苦，就是心靈上的苦，或有時被稱為「痛苦之上的痛苦」。除了這些身心痛苦之外，你還沒有任何健康保險或治療經費可以運用於治病，於是你又有了第三種痛苦：貧窮與匱乏的痛苦，至此你完全陷入抑鬱。

所有這些痛苦都有同一個來源，它們都來自於相信有一個真實存在的個人，真實存在的腹部劇痛，真實存在的疾患，真實存在的無助。當然，我們必須承認，就自己目前的修行狀況來說，的確需要積極的物質條件來支持修行，而物質條件也確實有助於增加相對層面上的安適感。上述的例子只是為了表明，如果證悟無我，就沒有人在受苦了。對於這個證悟，我們有多大程度的確信？

要確信「證悟無我能消彌痛苦」的最好方法，是在日常生活中觀察自己的心和自我意識之間的關係。看看你對有一個「我」的信念，是如何決定你嘴裡說出的每一句話、所做的每一個動作、所想的每一個念頭。以這種方式觀修，就是正念修持。我的老師曾說：「如果在日常生活中失掉正念，那你就是一堆糞便。」他真的用這些措辭這麼說過。他說：「如果沒有正念，你就是一堆臭死人的糞便，但你自己不自覺。沒有正念，你就受苦，並且散播痛苦。」

直到你確信「心」是最有價值的東西時，佛法對你來說才會具有至關重要的地位，有一天，這個確信可能會突然到位。當這種情況發生時，我會在你身邊，但你看不見我，我會敲敲你的腦門，說：「歡迎來到佛法！」

沒有安住在禪定的心，是我慢；
禪修本身，則是第二種我慢。

離於我慢，你依次第努力修持，走向證悟；
正念中沒有慢心，那即是無上佛果。

《三摩地王經》第13章

水之所在，在水滴落處

《三摩地王經》中，佛陀教導月光童子，禪修無我自性就是安住於完全無有我慢的境界。不禪修的時候，心會處於驕慢的狀態。然而，當你坐下來調伏身姿，開始禪修某個對境時，一種微妙的我慢仍然存在。怎麼辦呢？我們需要找到那個不是我慢的東西，因為那才是佛陀所教導的真實正念。沒有我慢的狀態，就是證悟。在沒有我慢的狀態下，連「無我」的概念想法都不存在。請注意，這種狀態不是一種真空，也不是一片黑暗的虛無。相反，它是證悟的境界。

為了接近這種覺醒的境界，我們需要了解自己與諸佛菩薩是如何地密不可分。在藏傳佛法的修行中，首先會觀想諸佛菩薩，然後觀想諸佛菩薩融入自己體內。很多人會問：「佛要怎麼融入我？我是一個壞人；我做了很多糟糕的事情。」對於這種質疑，我總是給予同樣的回答，那就是：「是的，也許我們內心確實有很多負面的東西。然而在所有這些壞事之中，有一個美善的核心，這種賢善是本有的自性，它不仰賴任何條件而生，其中沒有任何『我』的成分。」

「你愛你的丈夫嗎？」「愛。」
「你愛你的孩子嗎？」「愛。」
「你對鄰居那隻吠個不停的狗有慈悲心嗎？」「沒有。」

這就是重點。你愛自己的孩子，你愛自己的丈夫，但是當鄰居的狗肚子餓了而不停狂吠時，你厭惡牠。這樣的差別意味著你雖然擁有與生俱來的善德品質，但這些特質目前受到了一些制約，你的概念中對不同事物有各種認定，認為這些對境是否能夠順「我」的意，這些想法限制了自心的功德特質。

如何發展這些與生俱來的善功德呢？要培養這些特質，首先要相信你所擁有的功德特質具有潛力，並了解它們從何而來。佛法中有這樣一句話：「如果想找到水，就要傾聽水滴落的聲音；如果想找到火，就必須循著燃燒著的木頭氣味來尋找。」

第三：明白慈悲就是無我

不論宗教信仰，每個人都會認為慈悲是正確的。我們看到有人受到殘害時，那個殘暴似乎也傷害了我們。當然，有些人也可能會被仰仗理想、國族、宗教之名的人所洗腦，而錯誤地認為殺戮是好的，但一般人們都會知道什麼有害，什麼有益。慈悲心的穩定增長，就是從這種直覺性的無我開始的——也許從本質上來說，我們所認定的「我」都不是堅實而單獨的，也許我們確實享有相同的本性。

壓制目標，而非殺死敵人

我聽過一個故事，我想你們可能已經知道。第一次世界大戰期間，有許多士兵在進攻時會故意打偏，因為他們不想殺人。指揮官說：「開火！攻擊！」有些士兵聽命開槍，卻暗暗地偏離目標。我甚至聽說，有一次正值戰時休假，兩方敵軍仍然各自盤踞，但是敵對的兩方士兵們卻相約出門遊玩，一起抽煙、喝咖啡、聊天，還在戰壕之間的中間地帶踢了一場足球。假期結束後，他們又回到各自陣營，繼續打仗。

即使在戰爭最水深火熱的前線地區，大多數人其實仍然不想互相殘殺。軍事語言經常顯示這一點。士兵們被指示不要說「殺死敵人」，而是說「目標已被壓制」，因為「壓制」這個詞沒有那麼大的問題，但如果說「殺死」的話，會讓人產生一些反感。多數人不會介意去壓制他人，但是殺人是另一回事。美國內戰期間，許多士兵開槍射擊敵兵，當槍口的火藥煙霧散去後，士兵卻跑去剛剛擊傷的人身邊，為他送敷藥和繃帶！這就是人性。

對生命的尊重是眾生本性

另一個例子是我的一個好友，一名優秀的摔角運動員。他非常強壯、敏捷，曾打斷很多人的鼻樑，但只要一想到獵殺小動物的狩獵活動，他就會皺起眉頭。他不喜歡那種殘殺；他對動物們懷有真正的悲心。

我們內心深處都有一種感覺，自然知道殘暴是錯誤的。這是一種直覺，直覺地知道每個生命都不是獨立存在的個體。這完全符合佛陀的法教。這個直覺是眾生心性皆本為證悟的象徵。

這是一種不需要任何修行訓練就會產生的感覺，因為事情本來就是這樣的。大多數文化和宗教都會強調對生命的尊重，這是最基礎、最根本的道理。當然，有時會出現一個瘋狂的人用瘋狂的話語，煽動群眾內心的惡習氣，迷惑大眾的心。但在大多數情況下，世界上各種道德觀都是相似的。

我的老師說，如果你看看我們的星球，會發現只有一種動物會跟隨同類動物的腳步，而變得完全愚蠢，這種動物就是人類。我回答說，但是人類是最聰明的高等生物。他微笑著告訴我，從某種意義上說，人類的確十分聰明，但從另一個層面上說，人類是笨蛋。一個愚蠢的人站起來，每個人都跟著他——請找出還有哪一種動物會如此被同類動物的言論完全洗腦。

就算只是閒坐於當下所處的地方，不特意去思量佛法，也沒有在揣想修行方面的事情，你仍然可以持有一顆非常真誠的心。你可以契入一個非常基本的良善質地，這種良知會讓你清楚明白，做對的事就是對的，做錯的事就是錯的。你可以將佛法視為這種內在良知、這個道德指南針的開展。

不期望回報

如果你對自己的家人懷有慈悲心，如果你覺得家人與自己的距離並不遙遠，他們與你的生命並不是斷離的，家人們受傷時你也會感覺受傷，那麼你可以嘗試將對家人的這種感覺，擴展到世界上其他人。試著將這種感覺延展出去，擴及街上擦肩而過的陌生人、窗外的鳥兒，甚至電視上爭論不休的名嘴們。

如果你為自己的孩子做好事，並且對於回報無所顧求，那就是佛法。很多父母在為孩子做一些好事的時候，都會抱有期望。「我這麼做都是為了你！我這麼辛苦！現在看看你是怎麼報答我的？」許多父母常常是這樣的。有些人不會用語言表達出隱藏的期待，但大多數人都能夠感受到。這是正常的。然而，佛法說：做好事本身就是善行，不要尋求任何回報，也不要安立一個「我」，去感覺有必要求索回報。不要期望回報。這是佛陀法教中培養清淨慈悲心的指引。

佛陀教導無我，好讓人類變得更好、更健康、更自由。佛法最重要的部分，是認識到自己有能力進步，因為人不是一個固著的實體。如果專注於實踐慈悲，慈悲心就會增長。如果努力禪修，就能培養出無我的見地。透過精進努力和專注實修，無我正見毫無疑問一定會發展出來。當慈悲心和無我見地增長時，三摩地就會出現。

> **知其一，則知一切；見其一，則見一切；**
> **儘管說很多法，也絕不因此而產生任何傲慢。**

《三摩地王經》第11章

如果明白自己的無我，就會明白萬法的無我，朝向外界擴展的腳步，也會更加輕盈。在大悲與空性的延展一味中，你將觸及大三摩地。

[實修引導]

理解無我

從你盡己所能可以找到的角度，尋找「我」的存在。

一、觀察身體內部。
二、觀察內心。
三、觀察周圍的空間。
四、當你找不到「我」時，覺知到這一點，然後放下。

第3章

出離痛苦

當你覺知到終究沒有什麼可以放棄時，

你就到達了真正的自由和無執。

透過三摩地的訓練，你將能生起這種認知。

第一：像受傷的鹿一樣出離

> 放棄優渥富裕，有如吐掉唾沫，
> 渴求孤獨清靜，而常居於山野，
> 捨離煩惱、超越障礙者，
> 將能證悟無垢染與無因緣的覺醒。
> 凡有人以億萬劫長時間，
> 去禮敬恆河沙數無量諸佛菩薩，
> 終有一天會以大厭離心捨棄在家生活，
> 此人是至高無上的。

《三摩地王經》第五章

如果你的衣服著火了，你感覺到火焰已經燃上髮梢，燒灼皮膚，你一定會十萬火急地去找水來滅火。佛陀告訴我們，要像被烈火灼燒那樣以萬分緊迫的速度放棄世俗生活，懷抱著出離之心，像一隻受傷的鹿那樣，到一個僻靜的地方躺臥療傷。無常人生的痛苦有多麼劇烈，我們對證悟無垢染、無因緣生滅之覺醒的渴求就應該有那麼強大。

在獨處當中比較少干擾，有更大的空間可以培養積極的面向。佛陀清楚地解釋了獨處的好處。獨處時的身體活動少，心靈的擾動也小，沒有與他人對談辯論而產生的張力。當有害的力量弱，容易激起負面情緒的因素也會比較勢弱，人變得更加平靜，此時戒律自然存在。在孤獨中，你會真誠地希望修行佛法。在孤獨中，你解放自己。

> 我已敞開了大樂之門：
> 我已如實解釋了現象的本質，
> 並詳盡教導輪迴發生的軌則以及涅槃的利益。

如果你決意捨棄惡友，依止善知識，
避開人群，駐留在森林靜處，
不斷培養慈心，時時保持清淨戒律，
喜悅精進地盡己全力修持，修習布施與智慧，
你將毫無困難地獲得三摩地。

《三摩地王經》第四章

佛陀在早期佛教傳統的基礎法教中，主要教導對象是出離俗世並與世隔絕的僧侶，沒有太多提及在家居士也能獲得修持成就。從實際角度來看，出家生活對於修行的確有好處。僧侶的外在事務少，責任也較少，因此執著自然較少，證悟實相的機會就多了。如果你有很多事情要做，就無法一心專注於佛法。注意力集中在哪裡，就能獲得那種成功，這個道理是實在的。

第二：像夢中國王般出離

小乘佛法強調離棄俗世的生活，而在大乘中，出離與認知輪迴如夢有關，於是這種大乘出離心與空性究竟實相的理解密不可分。當你在修行中得到體證，了悟到究竟而言既沒有死亡也沒有出生，並且就算用幾百年的時間尋找事物的實質性，也永遠不會找到時，就不再有任何世俗的東西值得貪執了。透過聽聞、反思和禪修，你最終將能直接覺證到這一點。

我們之所以會陷入行為的業果效應當中，都是因為不了悟究竟見地的緣故。因為無法了悟，所以每個人都會經歷善行和惡行的果報。依據大乘佛法來修持出離時，我們要完全放棄對自我和實存的執著，以獲得解脫，而能夠利益他人。

當我連「我」都能捨下時，就能夠成辦眾生的利益。

《三摩地王經》第30章

就我個人而言，我是一家之主，已婚，有一個妻子和幾個孩子。然而，佛陀教導放棄一切，直言要我們恐懼家庭。聽到這些法教時，有時我們會想：「好，我會盡全力試試看。」如果嚴格遵守經典的指示，有些修行者會感覺到，自己儘管被佛法吸引，但因為不是出家僧侶，似乎就不能如法修行。居士修行者可能會認為，在家修行根本無法有進步，然而放棄家庭的想法又讓人感到壓力，讓人痛苦和沮喪。這樣做似乎是錯誤的，但佛陀的教導卻總是如此真確。

不執著，不等於放棄

鑒於佛法的核心是「不執著」，我們可能會想，當對所愛的人承擔著重要責任時，如何能以在家行者的身分，找到調和修行和家庭的平衡之道。這裡必須理解的一個重點是，不執著家庭不等於壓抑對家人的愛，或拋棄自己對家人的責任。

佛法中與僧侶行為規範有關的毗尼耶戒律說，凡是身體或語言所執著的對境或表現，都必須斬斷。在這種意義上，出離代表如果你喜歡某樣東西，就應該遠離它。因此，在律宗中你找不到比丘國王或僧侶商人的存在。

然而在大乘法教中，修行更注重的是內在行持或動機。大乘佛法中無執的象徵，可能仍然會反映在外在衣著選擇和行為規範上，但在大乘中會更經常看到在家居士證悟的例子，例如菩薩君王。這些證悟居士的風範，擴展了我們對不執著的理解，超越拋棄世俗家產的定義範圍。儘管戒律中禁止僧侶接觸黃金，但據說龍樹菩薩本人曾將鐵變成黃金來支持他的寺院。類似這樣的故事還有很多，這些故事表明在菩薩層面上，無執僅與心有關。

跟著國王學出離

在佛陀時代，因陀羅菩提王曾坦承他無法放棄世俗生活。因陀羅菩提王擁有龐大的國土和許多臣民，所有臣民都需要他的照顧，依賴這位統治者的善巧治國而安居樂業。佛陀指導國王，身為統治者，仍然能夠同時修持出離心，並教導他出離心的本質意義。因陀羅菩提王抓住了出離的本質，並將其融入自己的生命中，同時也不離棄對依賴他的子民們的責任。

一般來說，出離雖然與「放棄」有關，但在其他情況下也可以意味著「自由」。出離一切，但並不需要真正丟棄所有物質財富。丟掉房子、衣服和咖啡機，可能可以為修行創造助緣——但對大多數人來說這是不實際的決定。相反地，必須牢記在心，當我們聽到出離這個詞時，應該想到的是自由。

藏王赤松德贊有三個兒子，每個兒子都在依止蓮花生大士修行的同時統治王國。蓮花生大士是最初將許多佛法帶到西藏的人。王子們儘管被王族的財富和權力所包圍，仍然能夠修習不執著，因為他們的心致力於覺醒，致力於「自由」。他們為覺醒而努力，不是為了自己，而是為了一切眾生。所以只要心裡存著「我要為一切眾生成佛」的繫念，你將能恆時修習出離心的本質。

隨著修持上的理解不斷進步，無執的修持可能會變得更加深奧，因為「我真想擺脫輪迴」的想法最終也是一種障礙。如果心裡想要擺脫某事物，就表示對某事物感到厭離。厭離的感受表明你仍然相信有某個事物真實存在，同時顯示你尚未解悟到實相中沒有任何可以厭斥的東西。當你覺知到終究沒有什麼可以放棄時，你就到達了真正的自由和無執。透過三摩地的訓練，你將能生起這種認知。

第三：透過世間八法來檢視出離心

他們不為世間八法所染汙，其身清淨，行為無染。

他們欲望很少，堅定知足，並且沒有貪著。

他們具有佛的功德。

《三摩地王經》第17章

這段文字提到了菩薩摩訶薩的功德，他們是在覺醒道路上獲得極高成就的大修行者。修習三摩地成功與否，與行持密切相關，正確如法的行持可以提高獲得禪修慧觀的能力。行持來自我們對待世間八法的方式，世間八法是指對名聲、稱譽、喜樂、利益的渴望，以及相反地對低位、批評、痛苦和損失的逃避。如果觀察這八種世間煩惱，你會發現，從根本上來說，它們可以歸結為瞋怒、貪執和無明。任何世俗的事物都與這三毒有關。

過去的證悟大師們說，一個人對世間八法的態度是一種檢驗標準，可以呈現出他在離欲修持道路上的進步程度有多少。凡俗世界不一定認為欲望是負面的，但在修行層次和禪修者的界域，則認為欲望終究一定會帶來痛苦。

我們可以在見地、發心、禪定、行為和成果等幾個層面上，檢視自己修行的進展如何。傑出的三摩地修行者自我評估出離心時，他們自問的問題是：「我的日常生活中有多少我執？」如果我執的強烈程度如同上次檢查時一樣強烈，就可以看出修行毫無進步，或者某些修持細節沒有得到實踐。在發心層面上，修行者則會向內檢視，看看是什麼在推動著他們的修行。

在禪修層面上，三摩地修行者會檢視每座禪修中有多少散亂和昏沉的情況，並評估自己應用對治法來克服障礙的能力。在行為層面上，他們則檢視自己的正念強度，看看自己如何以正念去對治世間八法。檢視果位或成果的層次時，他們會檢查自己是否對「獲得了悟」抱有很大的希望，以及是否恐懼會失去了悟。如果有希望或恐懼，就顯然還沒有證果。如果能夠朝著佛果前進，但在對證悟的祈願之中絲毫不執著於證悟，這才是真正能導向證果的道路。我們都應該自問的是這個問題：我是否保持著對成果不執著的狀態？

我可以坦誠地說，如果真的有不執著世間八法的堅定決心，那就是一個良好的修行者。反之，如果你想修習三摩地，但是卻不希求斷除也無意修持對治世間八法，那就是一個低劣的修行者。

正確修行從棄離讚譽開始

古代西藏噶當巴傳承的大師都是優越的修行者，他們的修心法門（藏 lojong）非常強大。他們努力修心，直到心性變得完全靈活而富有韌性，直到能夠像吐唾沫一樣拋棄對利益的渴望。噶當巴傳承的訓練基礎起源於印度，源自比如這部《三摩地王經》等大乘經典的教導。

事實上，如果不棄離對聲名讚譽和獲得尊重的渴望，就無法修行。如果仍然垂涎稱讚和利益，就無法正確修行。如果仍然攀執於這些願求，你的三摩地修持就根本不會進步。

這個主題不僅適用於佛法修行者。世界上每個人都在世間八法當中掙扎——這就是為什麼它們被稱為「世間」。大多數人都希望改善生活，因而渴求得到尊敬、讚譽或金錢。當一個人得到金錢後，就會想要更進一步增大名望和聲譽。如果在修行之初，沒有敏銳地觀察到這些潛在動機，不知道兇猛的它們正蟄伏在心中，那麼修持本身，就會成為滋養貪瞋的工具。

瞋心和貪執並不難偵測出來。如果有人說你英俊，你馬上就會愛上這個讚美。當然你可以嘗試不去喜歡它，但你確實心中竊喜。同樣地，如果有人說你醜，你會立刻生氣。如果你是修行者，你受過的訓練可能足以阻止憤怒一路升級直至爆發，但你可能仍然會在短時間內難以控制情緒。這些關鍵時刻的自心反應好比一個窗口，可以成為一窺自己修行進度的良機。下次有人侮辱、讚賞或忽視你時，請直觀自己的反應，並檢視種種情緒如何出現。

> 不求得利，不怕損失；不渴求歡喜，不逃避不歡喜；
> 不享受稱譽，不憂心責備；不貪圖快樂，不迴避痛苦。
>
> 《三摩地王經》第一章

謙遜，專屬於大師的品質

當你沿著這條修持道路前進，對世間八法的執著將會變得更加細微和捉摸不定，難以覺察。對我來說，因為我現在是老師，很多人會向我頂禮，所以看起來好像我有一些什麼特別之處。除此之外，人們還常常稱讚我，說我是一個很棒的人。沿著這條修持道路前進時，人們會在你身上認出來自佛法的功德特質，並將這些特質等同於你這個人。這是資深修行者的執著之因。

然而，如果你閱讀許多古代佛教典籍，立刻就會發現那些作者們常常在貶低自己。這些大師們常說：「我不是一個偉大的作家。我寫這篇文章只是為了讓自己受益，但如果還有其他人也能受益的話，這會讓我很高興。」他們從不讚揚自己的特質，甚至從來沒有一點企圖想要暗示自己的著述有多麼雄辯無礙。這種謙遜顯示諸位大師們如何持守著修行的精要。

至今，西藏上師們仍然非常關注世間八法的威脅，以至於有時當兩位證悟的上師一起進入佛堂時，他們會互相辭讓，試圖說服對方坐在較高的禪修座上。

> **凡是對這空虛的生命和色身沒有過多執著的人，**
> **就已經擊敗魔王波旬，並於菩提樹下證得正覺。**
> **身空無我，人生如夢，瞬間消逝如朝露。**

《三摩地王經》第22章

修心，降低情緒的力量

最近有一次我在電影院看電影時，發現周圍的每個人都在哭。幾排座位之外的一個女人正在抽泣，她旁邊的男人眼裡也打轉著淚水。我觀察每個人——兩個小時中大家完全沉浸在電影中，完全執著於眼前平面世界中發生的事情。看電影時，我們會認同角色的情感。儘管看得到戲台上有一個投影大銀幕的存在，並能認知到戲劇中的人都是演員，但還是會哭！這些情緒反應完全跟理智無關。

歸根究底，情緒是無明的表現。你可能會問：「真的嗎？每一種情緒都是無明？」對此我會回答：「從某種意義上說，是的。」無論情緒是正面的還是負面的，都是心的盲目表現——它是一種反應。我有很多情緒。我知道這些情緒正在發生，但仍然還是會一直產生種種情緒，因為念頭相續永無止境。如果不修心，那麼習氣就會不斷地滋長更新，它們一再規律出現的軌則也會越刻越深。相反地，如果念頭減少，習氣就很難固化。例如，是什麼在滋養著你的欲望？如果一個欲望的念頭沒有生起，你還會體驗到色欲的感覺嗎？各種粗重和微妙的念頭決定情緒是否萌生。不執著於念頭的話，情緒反應也會減少。

如果我們要降低念頭的力量，出離、禪修和慈悲是必要的。真正的修行者會善巧而不間斷地將這三個修持整合在一起。為了做到這一點，必須先了解它們是什麼。如果你完全追隨出離心的修持要求，同時卻又苛刻對待你的伴侶，對伴侶說：「都是因為你，我才深陷輪迴！」那你就抓錯了重點。你是因為自己的執著才會走到這個地步的。你因為執著而苛待伴侶。

謬誤的理解，妙法變噪音

有時我覺得我們很多人都不知道如何平衡這些法教。有一天我會死去，但我無法帶著我的家人一起離開。我不能像過去的中國皇帝或埃及法老那樣，讓妻子和財產與我的死亡一起陪葬，帶到來世去享用。當我想到死亡時，出離心自然就生起了。我不喜歡去想到這個事實，但有一天我確實必須死去，自然而然地放棄在這個世界上所累積的一切。即使不喜歡去想，但是該怎麼辦呢？因為事實是這樣的，所以必須加以思考。

當你試圖修改太多的佛法內容，以適應自己當前的世界觀時，你的習氣就不會改變。有時候，佛陀的教誨不是那麼中聽，但那正是重點！如果你目前的生活方式和價值觀系統當中，對於什麼事物能夠帶來快樂，你的理解是謬誤的，那麼佛法對你來說就不會順耳。

我去看醫生時，他告訴我要建立健康的飲食習慣，我不喜歡！因此，我重新詮釋他的指示。我私自重新解釋醫囑，此舉不會影響醫生，只會傷害我自己。基於同樣的原因，我們不能過於自由地詮釋佛法法義。修行的目的不僅是為了獲得今生的幸福，也是為了獲得面對死亡時的無畏。

我們不知道死後會發生什麼事。雖然有人可能會思考轉世的可能性或有效性，但除非對這一切非常透徹理解，否則仍然無法確信是否會有未來世。如果假設一切都以死亡告終，這會讓人沉迷於毀滅性的行為模式。如果你留意同為佛教徒的法友，你會發現堅定相信有來生的修行者，通常比那些不相信者，更加專注和善巧於修行，對身語行為會更為謹慎，因為他們知道每個行為的果報都會回到自己身上。有趣的是，由於如此關注業力，他們實際上更加自由。我們佛教不相信有末日審判與懲罰機制，但佛法讓我們確實認識到每一個行為都會產生後果，現在所經歷的一切正是過去業行的結果。這就是業力因果不虛的法則。

化緣與布施

開始以抽象的方式解釋佛法法義時，不可避免地會削弱因果法則的力道。佛陀所提供的每一個修行法門，都具有多個層次的意義，即使最究竟意義不一定是我們想聽到的，也仍然應該去深入了解佛法的核心。在佛經中，我們讀到僧侶外出化緣的故事。當見到僧侶去「化緣」時，人們可能會認為佛教提倡貧窮，或認為僧侶是透過神明保佑才能獲取食物，並臣服於神旨。這種理解是一種任意詮釋。僧侶化緣修持的行動，其實是在邀請大眾一起來分享佛法的功德，給予大眾修習布施的機緣，並與僧侶的善行結緣。只有努力學習佛法時，才能了解這種細節。因此請不要只依靠個人的看法妄下判斷，要真正去了解事物的意義。

僧尼在接受布施時不應該有批評與揀擇。他們不能說：「我喜歡這個，我不喜歡那個。我不接受你給我的這頓飯食，因為你煮得不好吃。」佛陀解釋了以無分別心接受布施的利益。毫無挑選而全面接受，可以減少欲望和批判，維持如法的戒律，免除不必要的爭論。不讚美自己，也不批評別人，執著就會減少，而能夠控制自己的瞋怒，並減少對物質的擔憂。正如化緣修行的意義並不會在表面上立即顯現出來一樣，各個層面的出離心利益，也只有隨著時間的推移才會完全展現。

[實修引導]

培養出離心

✽ 慢慢地、誠實地思考以下五個問題。每個問題至少花一到兩分鐘，檢查自己在思考時生起哪些念頭。

- 我的出離心修行有多強？換句話說，我的我執有多重？
- 我做大多數事情的動機是什麼？我有多自私？
- 在座上修時，我的注意力有多集中？
- 我的行為中有多大程度能維持正念？
- 我對修行的結果有多執著？

✽ 除了思考這些問題之外，在你的一天中，檢查世間八法中哪一個對你來說最強烈。世間八法是：

一、謀取利益　二、害怕損失　三、追求名譽
四、排拒毀謗　五、享受讚美　六、不喜責備
七、貪圖快樂　八、避免痛苦

了解自己容易受影響的地方，練習正念並防範世間的八種煩惱。請記住，佛陀的出離心教導是對自己慈悲的一種形式。出離是獲得自由的道路。

第4章 慈悲喜捨

有力量的慈悲，
來自於認識到每個眾生本質上的良善。

第一：慈

智者安住於慈心之中。
智者能保持清淨悲心，
恆時以平等心，
對待各種受用和所有生命經驗。
智者將修持三摩地而得到證悟。

《三摩地王經》第九章

我們所有人都擁有慈愛、關懷的種子。即便是煩惱最深重的人，都仍擁有這個種子。剛開始修習慈悲時，慈愛種子十分微小，但只要一開始為它灌溉澆水，種子就會發芽。經過培植之後，慈愛的苗芽已經長出來，然而如果經過大量訓練，慈悲苗芽仍然無法長成一棵慈悲大樹，可能就是有一些地方疏漏了。究其原因，是因為我沒有平等看待眾生，我的悲心、關懷和愛，沒有平等如一地散布給每個眾生。

開始培養慈、悲、喜、捨四無量心的初始階段，可能會頗具挑戰性。而隨著這些心境的成長，我們得以看到自己困在哪裡。培植這些功德特質，並透過甚深的空性見地擁抱這四個無量之心時，就是進入了大乘之門。四無量心構成願菩提心，使我們的心轉向善行，讓自己成為他人的快樂之源，利益身邊具有緣份的每個人。

您已經圓滿發展出慈心，
成為眾生的修行導師。
您像須彌山一樣毫不動搖，
完全平靜無擾。

《三摩地王經》第14章

化仇敵為良師

當佛陀坐在菩提樹下時，曾出現一群稱為魔羅的鬼怪，在佛的周圍舞矛射箭，佛陀以他的三摩地力量將所有的武器轉化為花雨。慈心就有這種能力，能化仇敵為良師，轉攻擊成莊嚴。慈心是其他三個無量心汲取力量的基礎。訓練慈心時，我們從自心出發，向外拓展到周遭人的生命經驗，這樣的慈愛讓緊張感鬆緩下來，讓慈悲心茁壯增上。

我們於是能夠更深刻地感受他人的苦樂，並出於感動而去幫助他們，這就是悲心。看到朋友的成功，我們會感到高興及隨喜，這是喜心。第四個無量心是大平等捨，它根植於一種堅不可摧的清淨動機，在這種清淨意圖中，關係的遠近距離和親密與否不再重要。這就是為什麼佛陀說我們可以像須彌山一樣無法撼動，溫暖而不動搖。

> 常住慈心而無瞋的人，
> 要獲得三摩地並不困難。

《三摩地王經》第二章

以自私培養愛，就像用紙板建房屋

實際修持時，首先要以心中感到親近的人為對象，試著對這個對境生起一種溫暖的感覺。可以從自己的孩子或母親，甚至家裡飼養的寵物開始。心轉向這個親愛的對象時，愛自然地生起。無論目前愛在你的心中是否顯著，每個人的本性都自然充滿這種至高無上的愛。因為本性已經天賦擁有了愛，所以沒有必要擔心自己缺乏感受愛的能力。我們可以由提醒自己減少自私動機開始，練習生起一顆溫暖的心。

如果你想要培養愛，但卻不願放棄心中暗藏的自私意圖，那就像是在用紙板建造房屋。從自私動機表現出來的貪執和期望，會毀掉我們辛苦建造的一切，它們會悄悄地從地基上把紙板抽掉，導致整個修行之家轟然倒塌。

所以，必須捨去所有的期待，停止希望從自己培養的愛當中得到回報，愛本身應該就是快樂的泉源。如果你先從所愛的人開始練習，不帶任何隱藏企圖或自私期望地去愛，就可以慢慢地打下堅實的修持基礎。

為了不帶期待地修習慈心，請想起所愛之人的面容，在心中萌生關心和溫暖感覺的同時，認真地想：「從這個練習中，我不想得到任何自私的利益。我不要求這個人回應給我任何尊重，甚至不希望他對我產生好的看法。我不想從這個人身上得到任何回報。我不要這個人的任何東西，連一粒穀子也不要。一切都是無常的，獲得任何東西都無法解決我的問題。」如此思量，將心轉向此人，願他們離苦得樂，祈願他們能體驗到不可動搖的幸福快樂和溫柔的心。

隨著這種培養變得更強壯，我們的愛會變得更加顯明，能夠更真誠暢快地向他人表達心意。我們和親友之間的相處會更加融洽而充滿愛，愛也會流淌向剛剛認識的人，慢慢到達許多眾生，然後遍及一切眾生。安住在這樣的愛當中時，心的廣闊是不可思議的。正如佛陀所說，這種愛會讓究竟三摩地十分容易現起。它引導我們脫離自己的執念，進入大樂境界。

第二：悲

看到眾生如何沉浸於自己的投射之中，如何地受苦。

於是您教導他們空性、深邃、寂靜與無分別。

《三摩地王經》第14章

佛陀說，當他看到眾生如何地沉浸於虛幻之中，享受幻影投射的認知，就自然地感到悲傷。我們可以看到親友和他人陷入完全是幻覺的念頭和期待時，痛苦如何隨之產生。每個人都被自己的投射認知所困，因此每個人都在受苦。

有些人會想：「如何才能慈悲對待一切眾生呢？」或是會想：「有些眾生似乎沒有在受苦。我如何能對他們生起慈悲呢？」想要理解每個眾生的痛苦，這看起來似乎不可能，但是這確實可以經過學習而做到，首要的修持起點，從「承認自己的認知是最大的迷妄」開始。開始。

事實上，人人在相對層面上都各有不同。不論從經濟能力、生理狀況、心理層面、情緒方面上來說，幾乎從每個角度都可以看到各自的明顯差異。如果專注在各異之上，慈悲心就無法充分綻放。你可能會想：「這個人看起來比我快樂得多，我何必要對她修慈悲？」如果這樣想的話，你的修行就是建立在投射認知的基礎上。

投射認知不是關懷他人的可靠基礎，因為認知不可避免地會與批判糾結在一起。比如，一般人會想：「每個人所受的教育如此不同，我如何才能理解他人和他的世界觀？當彼此如此不同時，我該如何理解他者的觀點？」然而，首先應該要理解的不是他人，而是自我和以自身為中心的態度，去理解這些自私態度如何導致痛苦。深入了解自我的模式之後，就更容易同理他人的批判想法，知道正是這些批判念頭導致他們遭受痛苦。

慈悲不必有「前提」

我曾經懷疑，如果訓練慈悲心的話，我會不會失去一些東西，比如某種自信或男子氣概。我以為一個擁有大慈悲心的人將會很難對人說「不」。我擔心我無法保持力量，擔心慈悲練習會讓我在勉強妥協的情況下說「好」，我擔心會失去內在力量。

這種觀點會出現在慈悲修行的早期階段，此時我們仍然以自我為中心，習慣於獲取和保護事物，以至於試圖對他人表現悲心時，實際上仍是出於自我利益的動機；我們知道生起悲心是一件好事，感覺很好，而且是正確的，所以我們培養悲心是為了做正確的事。這就是「有隱藏意圖的悲心」（compassion with agenda）。

當他人沒有按照所期望的方式回應自己時，懷有自私的悲心或仁慈就會轉成瞋怒。最近我在紐約市散步時，遇到一個無家可歸的人，躺在一家雜貨店附近的一堆髒毯子裡。看到他的模樣，我想去商店尋找可以送他的東西。走進店裡，我看見有三個盛著湯的金屬鍋，我檢查了看看哪一鍋最溫熱，味道聞起來最香。我舀了一大杯，付了錢，然後走回街上。

我非常溫柔地彎下腰，把湯遞給那位街友。他看著我說：「我不要。」我說：「這是我剛剛給你買的，熱騰騰的。」他仍說：「我不要！」面對他的這種反應，過去的我可能會感到不悅，畢竟，我正捧著一碗紐約價位的熱湯要送給他。但這一次，面對拒絕，我能夠說：「好吧。」我繼續向前步行兩個街區，把湯送給另一位街友。如果我對拒絕我的那個人感到憤怒，這就表明我的慈悲實踐在很大程度上仍然有「前提」。

我們可以透過最簡單的一種悲心行為，來檢查自心是否隱藏著自私的前提。例如，可以常常試著對人表現得熱情友好，當你笑臉迎人但對方皺眉不睬，而你對他人的冷漠反應感到不悅，就可以藉此看清自己心中「前提」的規模，然後再根據這個情況來修持。

認出我執，邁向真誠悲心

我並不是說培養悲心時，應該嚴厲批判自己。重點在於要注意自己的行為，不需要自我批判，但自我覺知確實是必要的。實際上，我們需要養成一種不批判的模式。

我發現過去的我可能相當自我中心，常常這樣或那樣地評斷自己。經過訓練，我能夠看到這種態度的錯綜複雜，並且開始發現其他人也有這些傾向。我對自己的執著，也正是別人對他們自己的執著。這些執著的傾向並不是什麼新鮮事，這正是佛陀所教導的。將這些盤根錯節的自我中心想法指認出來，是邁向真誠悲心的第一步。

我們通常不會自發地希望擺脫這種自我迷戀的模式。然而，一些偉大的上師曾說過，如果真正了解什麼是慈悲，如果了解修行是如何同時具有複雜、多重和簡單性，那麼也就沒有其他需要開展的了。

開始實踐慈悲心時，請注意不要滯留在心中的溫暖感覺裡。有時，在他人遇到麻煩時我們會安慰他們說：「沒關係。」或者：「一切都會好起來的。」這時也要轉而審視自己的動機，然後得出「我沒有執著」的結論。我們為此感到喜樂。

但是，假設此時有一個你不太喜歡的人，前來向你尋求幫助。你也許仍然能夠對這個人產生溫暖的感覺，但你卻猶豫是否要將悲心付諸行動。即使心裡有一絲助人的願望，但你可能會感到懶惰，或是藉口找別的事情去做。這是作弊！你心裡雖然有慈悲，但沒有深入到問題的核心，沒有觸碰到真正的地基。注意到這種情況發生時，要自問：「我缺少了什麼？需要做什麼才能有進步？」

擺脫自我，才有清淨的慈悲

我也開始自問：「悲心的關鍵是什麼？」隨著對修持越來越熟悉，我發現只有擺脫自我時，才能擁有清淨的慈悲。這就是為什麼《三摩地王經》中會說：「於是您教導眾生空性、深邃、寂靜與無分別。」只有當「我」不再存在的那一刻，才能體認到一切眾生的深刻平等性。只有認識空性，才會有無垢的慈悲。無垢染的慈悲與空性無二無別，無垢慈悲就是究竟三摩地。

> **月光童子，什麼是三摩地的明證？**
> **無分別，無意圖，無生，無滅，**
> **無攀緣，無戲論，無諸假名，**
> **住於遠離毒惱之基，**
> **住於淨除一切造作的寂靜之基，**
> **一切菩薩的學處，一切如來的行處，**
> **一切功德圓滿；這即是三摩地的展現。**
> **菩薩摩訶薩安住於此三摩地的明證之中，不離三摩地。**
> **他們的心不迷妄，具大悲心，**
> **以無量的方式利益眾生。**

《三摩地王經》第13章

重點在於，最高的慈悲其實是完全無分別，它與最高的智慧密不可分。一旦生起「想要將慈悲付諸行動的念頭」，清淨的慈悲就消失了，因為此時思緒已經佔據主導地位。這就是為什麼清淨的慈悲只從真正的禪修中生起，在這種禪修中，沒有「你、我」的念頭。我們將在本書的後幾章，繼續學習如何發展這種無我禪修。

練習真正的慈悲

現在的問題是，如何將慈悲和空性禪修帶入日常生活中？請慢慢來。要做到這一點，最好的方法是在「生起慈悲」和「增強空性證悟」之間交替修持。首先，持續地對周遭的人修持具分別概念的慈悲，最終再把慈悲祈願與自他無別的禪修結合。有一天，當清淨、無我的慈悲心生起時，那將會是你一生當中最快樂的一天。

練習真正的慈悲並解脫自我，就像處理一側堆滿重物的天平。你一一消除攀緣、隱匿的私心和執著等等每一個重量。例如，想到「這個人對我不好」時——放下，消除這個重擔。想到「我只同情這個人，不同情那個人」時——放下，消除這個重擔。想到「我對這個人這麼好，他卻沒有善加回應我的悲心和幫助」時——放下，除掉重擔並放手。

慈悲是一面明鏡。慈悲可以顯示你是否已經認識到自性的本質。慈悲是一個徵象。如果你的悲心是以自我為中心，如果它帶有自私的前提，那麼目前的你就是自我中心的。如果你在感受到慈悲的溫暖時，其中又充滿了優越感，這意味著你很驕傲。如果你的慈悲需要某人給予某種回應，那就表示其中有執著。

另外，還有一種虛弱的慈悲心。虛弱的慈悲指的不是慈悲感受的強度不夠，而是缺乏尊嚴與力量。力量來自於知道自己的本質是富有悲心的。當你看到一隻受傷的狗，你也許會說：「哦，好可憐的狗，但是我無能為力。我好討厭那些虐待狗的人。我要向動物保護部門檢舉。」在憤慨當中，你感到合理、正當和充滿正義。然而，真正具有力量的慈悲當中，沒有正當性、合理性和正義感的容身之地。

充滿這些情緒的行動看似強勢，但其實其中的悲心反而比較薄弱，因為它們的動機是對某種特定道德的強烈貪執，這自然會引起對違反那種道德的人的厭惡和瞋恨。有力量的慈悲，來自於認識到每個眾生本質上的良善。具有這種悲心的人，不會陷入二元對立，妖魔化某些人並榮耀其他某些人，而是會帶著覺知和愛，採取自信的行動。

願一切眾生離苦及苦因

這邊再提另一個虐待動物的例子。有一次我在電視上看到一個節目，講述洛杉磯的一個男人收養一隻被人遺棄的狗。他說，他對這隻狗的痛苦感同身受，因為他自己在13歲時就被家人拋棄了。他對狗的痛苦所產生的情緒反應，是基於自己的人生經驗。他生起慈悲心，因為他能體會被拋棄的痛苦。他能對狗產生悲心是好事，但想像一下，如果他能更充分地發展這種關心他人的感覺，會有怎麼樣的不同。如果了解每個眾生都會經歷痛苦，他的慈悲心就會超越這種囿於情境的同理心，而能涵蓋所有眾生。想像一下，如果他的慈悲完全無條件、無拘束地現起，不執著於自己的經驗，那會是怎麼樣的寬廣。

我們在經典中也讀到，慈悲就是希望一切眾生離苦及苦因。有時我們雖然可以產生這種感覺，或生起這種祈願，但是我們常常在這些感受生起後，就讓它們自生自滅。如果能夠體認到無我，你的慈悲就會反映這種體悟，悲心的妙力將變得完全不受任何自他執著的染汙，並完全擺脫誰值得或誰不值得待以慈悲的想法。

體現這種慈悲心時，就能毫不費力地教導這種慈悲心，甚至自己的身體也能成為平等性的體現。一個體現慈悲的覺醒者，不會受限於任何認知所築起的圍牆之內。他們自然地教導深奧、寂靜和不可思議。

第三：喜

> 所有眾生都是我的親眷。
> 我隨喜他們所擁有的一切福德，
> 白日三次，夜晚三次，發起菩提心。
> 我隨喜那些戒律清淨的人們，
> 他們甚至以生命為代價去守戒，絕不違犯戒律。
> 我隨喜一切隨順菩薩大願的福德，
> 我隨喜那些對佛法僧有信心的人。
> 我隨喜那些出於強烈的證悟願望而供養如來的人。

《三摩地王經》第26章

特意去隨喜他人的良善，是一種非常強大的力量。隨喜為了無上證悟而修行的人時，也能讓自己沿著這條修行道路快速奔進。佛陀說，為了修持隨喜，必須視一切眾生為親愛之人。這是如此簡單，也如此直觀。

如果我是一個悲觀的人，在幫助學生解決問題時，我可能會因為他們總是抱怨而不尋找解決方法，而感到疲倦和沮喪。如果你把注意力集中在負面的事情上，呼吸就會變得沉重，肩膀或背部開始疼痛，然而此時你仍然必須完成所有工作，因此情況顯得十分糟糕。

如果你能訓練自己感到喜樂，並且將空性的體證帶入覺受當中，就能夠避免落入消極的傾向。因此，請學習去看見生命當中的正面特質。如果下雪了，不要把注意力集中在怨嘆街道泥濘和行動不便。請改而去注意雪中充滿活力的微風，思考它從哪裡來和它將接觸到的所有人。下雨時，不要專注於潮濕和寒冷，請改而去注意樹葉如何在雨滴之間躍動，樹枝又是如何搖曳擺盪。這些都是你可以改變心態的方法。

用微笑取代咆哮

如果遇到問題，不需要對自己咆哮，逼迫自己去解決它。請改而微笑自問：「我今天遇到什麼問題？」一個小小的微笑都會很有幫助。你不應該太以自我為中心，這會削減快樂，這是我們的根本問題之一。自我會阻止自己為他人的成功感到高興，並奪走快樂感。

想像一下，你看到兩個人在公園裡一起笑著說話，這是一個溫潤的夏日傍晚，天氣非常好，夕陽照亮了他們可愛的紅色野餐布，他們正在分享美味的食物，螢火蟲開始飛舞。但是，你看看自己，想起自己此時正面臨婚姻糾葛。這時你又看到一對情侶正在親吻，你就更生氣了。你心裡想：「為什麼要在所有人面前曬恩愛？去找個隱密的地方吧！」

為什麼看到他人快樂，卻感到生氣？這是一種以自我為焦點的反應。為什麼我們不能為他們感到歡喜，並想想：「我真為你們感到高興！」這是利用當下情況的善巧方法。在隨喜的那個時刻，他人的幸福也成為了自己的幸福。然而，我們不應該想：「真希望是我在享受他們的快樂。」這種想法也是自我中心的。真誠隨喜他人的快樂，快樂自然也會成為你的。

究竟的隨喜

善行的根本是遠離貪瞋癡三毒的心。福德的根本則是六波羅蜜修持，也就是行菩提心。前五種波羅蜜——布施、持戒、忍辱、精進、禪定——是福德的源頭，當這五個波羅蜜受到第六個波羅蜜——般若波羅蜜——的擁護時，就會成為真正的波羅蜜，也就是圓滿。修習波羅蜜的善心充滿無上喜樂，這就是菩薩的心。

學習以菩薩的心隨喜他人並感到鼓舞，這能對自己和周圍人們的生命產生良善的影響。對每個人的善良感到欣喜，可以讓自己減少嫉妒，並對修行產生信心。此外，當你隨喜對佛法有信心的人時，也能夠深化自己與佛法及諸佛菩薩的修行緣起。當法友們實行諸如供養等善行時，你隨喜他們，你也會獲得那些善行的福德。

將自己的福德迴向給一切眾生的覺醒，這是究竟的隨喜。當你想著「願我一切行持都能為他人帶來暫時和究竟的利益」時，你其實已經隨喜了無量眾生的快樂。以這樣的心態來修持，就是在為自己和他人創造能讓功德特質生起的因緣條件。

第四：捨

月光童子，請想一想，如果有此一法，
能讓菩薩摩訶薩得到種種功德，
並且迅速圓滿證得無上正等正覺。
這是什麼佛法呢？
月光童子，菩薩摩訶薩平等對待一切眾生。
他們的心是仁慈的，沒有瞋恨，沒有偏私。

《三摩地王經》第一章

平等捨並不是一種凍結狀態，不是如頑石一般僵硬的心。捨心的根源是慈愛之心，這是在平等對待每個人的基礎上所產生的包容性。捨無量心涵融了其他三個無量心的修行。儘管在四無量心的念誦文句中，平等捨列在最後，上師們口傳引導時卻常常把捨心排在第一位，因為它是能讓其他三個無量心充分開展的基礎。

捨可以分為三個層次。第一層次的捨是以同等的愛來看待一切眾生。佛教徒明白，我們與每個眾生都有許多生生世世的深刻連結。培養這種理解，直到它在覺受中現起，最終我們可以帶著它行走在世界上。

第二層次的平等捨與自心本性有關，也就是看到一切眾生都有同一本質——佛的本質，認知到一切眾生都有佛性。同時，也看到眾生對自己的佛性一無所知，因此陷入輪迴。

究竟的、真正的大平等捨，是超越平等與不平等的概念。這種自由帶來了極大的彈性。當這種超越發生時，就不再執著於觀念，沒有批判，甚至無法執著於見地，換句話說即是不再沉迷於任何事物。儘管如此，這樣的心是十分清醒明白的。平等捨的精要是無法再執著任何事物。沒有執著時，有的則是那麼多的愛與理解。從這裡，悲心將完全展開，它自然變得如虛空般廣闊。

[實修引導]

修習四無量心

一、花五到十分鐘，靜靜地重複以下發願，修習四無量心：

願一切眾生得到安樂及安樂的因；
願一切眾生遠離痛苦及痛苦的因；
願一切眾生永不離無有痛苦之無上快樂；
願一切眾生常住大平等捨，
對一切親疏都沒有執著與瞋恨。

與這些字句的意思心生連結。向一切眾生散發愛與慈悲，不排除任何人。注意不要過度用力逼迫自己產生愛的心念。

二、修習四無量心一段時間後，在第一個祈願的末尾加上這句話：

虛空所到之處，
一切眾生都是我的親人。
他們有痛苦，也有痛苦的起因。
願他們脫離痛苦，證得徹底覺醒的覺悟。

三、在每一天當中，積極為他人的成功感到高興。一次又一次地隨喜諸佛菩薩的修行和成就。

四、培養以下這個理解，在無限生生世世的深刻連結中，一切眾生都是我們的母親。以平等的愛延伸到每個人，記得我們都有佛性。一次又一次地記住，每個人都有佛性。當這個隨念變得強烈、直接、真實時，無分別的平等捨心就會展現出來。

第5章

請佛住世

透過頂禮、繞行和祈請，
與佛陀的智慧相連接，
從而以這種智慧加持大地。

彌勒菩薩摩訶薩頂禮佛，繞佛三轉後，
離開會眾，前往如海沙般無量諸佛聖地——
山王靈鷲山大佛塔。
在那裡，為供養勝者受用，
他加持了靈鷲山，諸山頓時變成了平坦空地，
沒有樹枝、荊棘、石頭、鵝卵石、砂礫，
周圍全部化為一片空地，遍布七種珍貴物質。

《三摩地王經》第17章

也許你已經有一些慈悲心，現在正在練習正確的行持，也有一些禪修的知識和覺受。一旦這個階段已經發生，你就開始從單純的方法訓練，轉向修行方法的「心靈層面」。從現在開始，如果希望修行持續快速地進步，就要得到心靈上的支持，在精神上不感到孤獨，而且具有自信，才能夠做到。

第一：獲得心靈支持

前人的證悟，可以讓你獲得心靈上的支持。這一條佛法修持道路，你無法獨自一人完整走完，如果你嘗試孤身獨行，你會失敗。因此，此時你必須開始將心轉向佛陀和所有傳承佛法的人、所有過去的偉大上師。

上述引自《三摩地王經》中彌勒菩薩的作為，不僅是一個故事，彌勒菩薩的行持向我們展示如何修行。彌勒菩薩依於佛的威力而能加持國土，供佛受用，這是一個非常深奧的觀點。透過頂禮、繞行和祈請，他與佛陀的智慧相連接，從而以這種智慧加持大地。

在許多文化和傳統中，大禮拜是一種表達敬意的古老方式，繞行代表佛陀身、語、意的象徵之物，則可以追溯到佛陀本人的時代。當彌勒菩薩頂禮、繞行時，佛陀加持他的心，讓他能以淨觀體驗世界。彌勒菩薩見到靈鷲山頂有璀璨寶珠嚴飾，空氣裡瀰漫著香甜的味道，地面格外平坦。就好像有一位億萬富翁為了女兒的婚禮，而布置了這片土地。沒有任何東西是未經裝飾、粗糙或不完美的。一切都是超凡的，超越極致地輝煌。

只要想像著什麼，就能產生感受，而感受會對周遭的人產生影響。當我走進一個裡面滿是憤怒之人的房間時，我也會感到憤怒，眾人的憤怒情緒會以無數微妙的方式傳送過來。同樣地，覺醒者不可思議的強大心靈，有引發慈愛和智慧覺受的能力，這就稱為「加持」。透過佛陀三摩地的力量和彌勒菩薩的修行與感受力，在彌勒菩薩的實際覺受中，大地變得美麗。

第二：驅散心靈孤獨感

你可以效法彌勒菩薩這樣修行，觀想所有慈愛的覺醒者在你面前出現。他們來這裡有一個唯一的目的：幫助你。他們的數量之多，連整個天空的空間都不夠容納這麼多光芒閃耀的覺醒者。請試著在心中培養確信，相信金色的釋迦牟尼佛和所有解脫輪迴者，從現在開始都與你同在，直到開悟。他們的存在向你表明，不要擔心小事。你應該認為，對證悟者們來說，自己遇到的任何障礙都只是雞毛蒜皮的小事。這是一種被無數禪修勝者的智慧所提升且鼓舞的感覺，與這種感覺相連結，就是得到了心靈上的支持。

當你沒有這樣修持時，沒有任何心靈支持，沒有覺醒者可以皈依時，請再看看你的修行狀況。看看不祈請的時候，修持經驗是什麼情況。如果禪修時沒有支持力量，你會感到非常孤獨。如果沒有支持，你可能會有一種隱藏而強烈的懷疑，認為自己無法獲得修持的究竟果位。你知道自己可以在一些禪修中取得成功，可以得到一些益處，但開悟的目標通常遠遠超出你相信可能發生的範圍。也許你可以變得更快樂一點——但是，開悟？很難！

小乘的教義中有提到心靈上的孤獨，但不是很廣泛。大乘更加強調這一點，在金剛乘中它則變得極為重要。當我們在所有慈愛的諸佛面前開始禪修時，所有不分性別的一切諸佛都圍繞並關懷注視著我們，他們的存在和他們的目光提醒我們：「如果你現在失敗了，那也沒關係。仍然繼續修持。」

觀修諸佛的力量

想要讓自心智慧圓滿顯現，就要讓自己浸潤在全然的愛與無批判的慈悲之中。「如果我現在失敗了，也好！」具有這種信心時，就不會感到孤單。有一次，我向一群通常不以這種方式修行的人提供了這個指導。我問他們：「你們禪修的時候會感到孤單嗎？」他們的確有在修持皈依佛陀、稱念佛號，但他們念佛時從來不知道要觀想每一尊佛都在場——每一尊男的、女的，紅的、黃的，大的、小的，過去、現在或未來的佛。我告訴他們，如果禪修時觀想自己面前有無數如太陽般光芒四射的佛，所有諸佛的智慧心都指向自己，那麼你根本不需要再做任何其他事情。只要坐在那裡，定境就會來臨。

在一些聖地，不必太過精勤練習，禪定都會自動來臨。如果你去朝禮佛陀成道的聖地菩提迦耶，就可以體驗這種無勤的禪修。聖地的條件非常有利於修行，能使人進入自然的禪修狀態。這種自然地接觸到智慧的經驗稱為「受到加持」。許多人們環遊世界，尋求接受聖地和聖人的祝福，他們翻山越嶺，吃苦受難，只為得到祝福。加持的產生，是依賴偉大禪修者的力量，以及與偉大修行者具有連結的空間和物質。一旦受到加持，你就可以隨身攜帶它們。你只要想：「我現在擁有加持。」你可以坐在房間裡，觀想自己身在菩提迦耶，觀想佛陀在面前出現，焚香或點燃蠟燭作為供養，並觀想自己坐在佛前。透過祈請加持，我們不再孤獨，修行也會得到提升。如果一個修持者想要深入智慧，而不僅僅是學習禪修，他就會更加關心如何領受加持。

很多人會問：「為什麼要觀修佛呢？」實際上的理由非常簡單。如果我想學習如何建造核子反應爐，我相當肯定我會觀想愛因斯坦在身旁。我會祈請愛因斯坦，請他護佑我，讓我成為像他一樣的物理學家。我的心轉向愛因斯坦的特質，將我的現況與他的才智融合。我透過憶念他來細細思量他的特質，並銘刻在自己心中。

同樣地，每當我觀想我的祖母時，一種特殊的感覺就會出現，她特有的愛和關懷給我的感受，會在我內心生起。觀想佛陀時也是類似的，以修持的角度來說，觀想佛陀比起想到某個人，更能夠提升至較高層次，得到更高的修持成果。觀想佛陀的力量尤其特別強大，因為佛陀的智慧無所不在。我們首先連結佛的形體，再以此為基礎去連結佛陀無礙的智慧心。這種憶念和隨之引發的連結力量十分重要。當我們憶念佛陀而非凡夫時，一些非凡的事情就開始發生。

調柔叛逆出走的心

佛陀教導的是真正的禪修，引導我們走向解脫我執和欲望的道路。佛陀教導我們得到自由的方法。如果想得到這些法門，就要祈請佛的加持。不要求佛賜予一百萬美元，或祈願自己成為比爾・蓋茲、美國總統之流，而是要祈請加持，迅速得到如佛證悟。

以前我曾在禪修時遇到困難，因為我的心不聽從我的命令。在修行中遇到困難時，並不代表心很低劣，只是意味心無法聽話。你知道這是為什麼嗎？因為我已經寵壞我的心。在我的人生中我經常告訴我的心：「做你想做的事。」然後當我開始禪修時，心當然就如往常一樣隨其所欲地做任何事。

當「我不喜歡禪修」這個念頭生起時，要即刻把自己拉回來修持。最終，當我們的心開始說「我愛每個人，我喜歡禪修」並且生起喜悅時，也要即刻回來修持。要經常告訴自己：「沒事的。」這個對治法將成為我們禪修寶庫中的強大工具。

「我餓了。」「沒事，回去禪修。」
「我累了，我要午睡。」「沒事，先禪修一會兒再去睡。」

我並不是說不應該關心身體，我們當然必須保持健康和充分休息。這裡的重點是，當繼續在這條修持道路前進時，可能會遇到心不聽話的時候。透過修持，我們試圖軟化自心，使心具有可塑性，並最終削弱它的霸權。心當然不想被調柔，它從一開始就會表現出抵抗。我想你們都知道心被寵壞的後果：壓力、疲憊、憤怒與恐懼襲來，所有其他初學禪修常有的負面心態也會蜂擁而至。無論修行時遇到什麼困難，都是心造成的。祈求諸佛菩薩加持時，就是在祈求智慧的介入。智慧不被心所染汙、動搖或敗壞。在加持之中，智慧之火將躁動不安的心燃燒殆盡。

寬恕與遺忘

有人曾經告訴我，她在練習寬恕。我說：「不要嘗試去寬恕。」「什麼！為什麼不？」她驚呼道。我們要學習的不是寬恕，而是遺忘。寬恕的問題在於其中牽涉一連串念頭，從「我原諒你所做的事」開始的種種想法，這些想法正是在提醒自己，有人曾對你做過什麼事。我不是要你壓抑過去所發生的事，問題在於，當你堅持「我要寬恕某人」這句話時，等於是一直在提醒自己有一個曾經的「錯誤」。當一再提起過去之事時，就是一再強調錯誤存在。反之，最好的心態是：「哦，真的嗎？我已經都忘光了！」如此一來，錯誤早已被你釋放，就不再需要練習寬恕什麼了。你的心上已經不再扛著重擔。

如果能做到這一點，那就意味著你不再執取過去，不再執著於「造成傷害」這樣一個二元觀點。你不再回到過去，不會更進一步強化深植自己是受害者的感覺。另一方面，如果你堅持需要寬恕，就等於仍然徘徊於痛苦與貪執的根源，同時試圖透過寬恕的概念來粉飾太平：「我」作為一個堅實的獨立實體，正在寬恕「你」這另一個恆常存在的實體。這樣做，怎麼能得到解脫呢？

佛教修行以類似方式進行懺悔。一般人的懺悔，會對自己感到悔恨的行為有所保留。懺悔時，應該快速而堅定，就像用手拍桌一樣。啪！「我懺悔。」如此承認錯誤，然後果斷地放下。

因為對諸佛的見證和愛具有信心，所以可以確信懺悔具有淨化力量。這種確信是透過不斷接受加持而來的。我們也應該以和懺罪一樣的果決態度，堅定地接受加持。啪！「我已經受到加持。」放下！

請求金剛薩埵淨化惡業

金剛乘經常修習的是金剛薩埵法門，他是清淨智慧的化身。修持之時，觀想金剛薩埵的心間放出燦爛的光芒，對諸佛獻上殊勝供養，並聚集諸佛加持，然後一切加持又流回金剛薩埵。金剛薩埵接受這些光芒後，散發出萬丈智慧之光。然後我們請求金剛薩埵淨化自己所有的惡業。金剛薩埵看著我們說：「是的，你已經淨化。」修持者此時會確實體驗到淨化的覺受。

一次又一次地修習這個法門時，修持者會實際生起完全清淨的體驗，並開始從行為、語言和心態上反映出來。整個修持都發生在心，但它卻能產生真正具有變革力量的成果。

在心中祈請佛住世、在心中頂禮佛、在心中行供養等修持，皆出自大乘經典的教導。金剛乘的行者應該知道，我們很多的修持方法都是來自大乘。金剛乘的方法並不是金剛乘上師憑空創造出來的。像彌勒佛一樣，我們應該祈求佛陀加持修行者的心和修行處所。如此祈請的時候，就是在追隨《三摩地王經》中菩薩的腳步。

第三：培養心靈自信

> **因此，記住佛陀是勝者的無量智慧化身。**
> **如果你不斷修習這個隨念，**
> **你的心就會真正安住於上。**

《三摩地王經》第四章

我有一個朋友，他似乎和我用著同樣的修持方法來觀修諸佛，但每當我問他是否得到加持時，他都說沒有。

「你今天好嗎？」我問。「你的禪修如何？」「我的禪修還可以。」

「你領受到加持了嗎？」「嗯，沒有。其實我不確定。」他總是說同樣的話。

然後他問我：「你受到加持了嗎？」

我總是回答：「是的，我確實有得到加持。」

這是我們的對話模式。每當我問他是否得到加持時，他都說不確定。正是這種不確定的感覺，這句「我不確定」的話語陳述，阻礙他受到加持。我能得到加持，則是因為我已經習於認為自己受到加持。我對此有信心，並且我盡力地將心轉向常在的諸佛菩薩。我的那位朋友從來沒有得到加持，因為他習於認為自己沒有受到加持。養成接受加持的習慣，就是心靈上的信心。

慢慢地，慢慢地，如此的習慣會增強信心，而能相信自己已經浸潤在覺醒心的慈悲之中，生命中完全充盈諸佛菩薩的加持。這不是盲目的自信，它是從充滿慈愛和智慧的強大覺受之中生出的信心。這種信心沒有驕傲，因為它不會製造批判；它不會拉大自我與他人之間的差距。培養這種信心時，就能實踐慈悲，並且會觀察自己是否產生批判，不會認為：「我得到加持，因此我是一位優秀的修行者。」不會有這樣的想法。

在修行過程中，我偶爾會覺得自己沒有得到加持。當這種情況發生時，我會立即改變想法的意向，立即提醒自己：「我確實得到了加持。」這樣做非常重要。這就是實修道上在心靈方面的鍛鍊方法。它與佛法道路上技術層面的修持技巧非常不同，後者涉及覺受的解析、禪修的方法，主要以相當分析式的方法來觀修心性。

心靈方面的修持方法，與傳統上理解的修行技法之間，有著不一樣的方式。我們需要兼顧二個方面，心靈層面的和技術層面的修持都需要。當我們把二者結合起來時，對佛法就有了完全堅定的信心。如果除去心靈層面，技術方面上的修持就失掉了動力，無法持續很長時間。如果只有心靈層面而沒有修持技巧，佛法就變成了盲信。

[實修引導]

迎請佛陀的加持

- 準備一座佛壇，陳設證悟身、語、意的象徵物。例如，你的修行場所可以有佛像（象徵證悟身）、經典（象徵證悟語）和佛塔（象徵證悟心）。

- 端正而放鬆地坐在禪修墊上。

- 產生佛陀智慧常在的感覺，並祈求佛陀加持你的修行處所。

- 產生強烈的信念，相信自己會得到加持祝福。

- 記住接受加持是為了調伏內心的負面情緒，將心從我執轉變為無我，並了悟心性的本質。

第6章

歡喜布施

與其供養個人偏愛但他人難以利用的物品，不如供養可以用來累積更多福德的事物，和可以為他人帶來直接實質利益的供養物。

第一：用身體和語言布施

精進修持三摩地時，不能輕忽供養諸佛。

《三摩地王經》第二章

有一次我拜訪緬甸，去到一個地方，那裡有古代修行者們建造的莊嚴佛塔。我看到佛塔頂部鑲嵌著許多令人驚嘆的寶石，比如鑽石、深綠祖母綠石和火焰般的紅寶石。從某個俯瞰位置看去，可以一覽諸多寶石在陽光下閃耀的殊勝景觀。緬甸以盛產寶石而聞名，我相當確定過去的修行者們，是從自己的土地上開採這些紅寶石和鑽石，將它們放置在象徵證悟心的佛塔中。

佛塔園區周圍有一些商店供人購買金箔，用以供奉在佛塔的牆壁上。我和家人們被邀請去嚴飾佛塔。市場上也販賣油燈讓人們請供，佛塔看管者會讓供燈整夜燃燒不滅。當我看到這個積聚福德的機會，或者說在這一個「聚集證悟善緣」的機緣出現時，我的第一反應是：「好，我現在必須供養。」當我開始請購供養品，我的岳父母們也決定他們要一起參與供養。

兩天後，我們去參觀另一個緬甸寺院。當地的美元匯率很高，100美元在兌換處可以換到9萬緬元。我兌換了幾百美元，他們給了我一大袋錢。我覺得自己好富有。在緬甸，生活開銷相當低廉，食物的價格也不是很昂貴，即使對低收入族群來說也是如此。我對岳父說，我想去當地的一座寺院修行布施。於是，我帶著妻子與當時很小的女兒，還有其他幾個人去了寺院。我們把一捆捆厚重的現金放在供養盤上，然後大家向佛像頂禮。我知道如何以緬甸人的方式禮佛，所以我沒有行西藏傳統禮拜，出於尊重，我改以緬甸式禮佛。我的家人和朋友都以西藏方式頂禮。一位朋友笑著對我說：「你怎麼知道要這樣頂禮呢？」我說：「你只需要觀察！」

為了表示尊重，在觀察時需要非常謹慎。看到我以他們當地的方式禮佛，緬甸寺院的管理人員很高興。我暫時改變禮佛方式的這個行動，本身就是一種供養。我們可以慷慨地表達自己的敬意。我在那一個當下，看到修行布施的殊勝，所以抓住機會讓心意與善行一起實踐。我們需要知道如何獲取布施的機會。修持布施的機會很少會憑空出現，必須去爭取並創造，當時機來臨時，就要盡己所能地付出。我已經清楚認識到布施的利益，修持布施可以讓人更迅速地實現世俗願望，修行也會更加順利。

禮讚諸佛持名供養

佛陀在《三摩地王經》中講述了他的其中一個前世，那是他生為悉達多·喬達摩之前很久的一世。那時他是一位古佛的學生，在那位佛陀面前修持過許多供養和祈願。這些供養所產生的福德，成為推動他最終證悟的力量。也有一種說法是，釋迦牟尼佛曾稱頌讚嘆他在二劫中所供養的八十位諸佛名號。

禮讚佛陀就是一種正念修持，讓人憶念起自心真實本性的功德特質。憶念這些功德特質，功德就能慢慢開展。讚美佛陀時，證悟變得令人嚮往與鼓舞，於是能夠開啟修行的動力。讚嘆佛陀時，就是在強調證得實相的重要性，從而獲得廣大的福德。《三摩地王經》教導了如何以觀修諸佛功德來讚嘆諸佛。

> 如來與一切福德相應，他不浪費善根。
> 安忍是他的嚴飾，他是福德寶藏的根本。
> 他身上裝飾著隨好，他的主要殊勝相如花盛開。
> 他的佛行事業及時應機而恰如其分。

當人們看到他時，他不會顯現任何的不和諧。
對帶著信心渴仰者，他帶給他們真正的喜樂。
他的知識無法被擊倒，他的實力無法挑戰。
他是一切眾生的老師，他是菩薩的父親。
他是善者的國王，他是那些剛踏上修持道路者的嚮導。
他擁有無量智慧，他擁有不可思議的自信。
他的言語完美無缺，他的聲音很悅耳。
人們看他時永遠看不厭煩，他的身形無與倫比。
他不為欲界所染汙，不被色界染汙，不受無色界的影響。
他完全從五蘊中解脫出來，他不受五大所限制。
他的感官完全調伏，他已徹底斷絕一切束縛。
他從痛苦中解脫，他從輪迴中解放出來。
他已經渡過彼岸，他在一切智慧上都是圓滿的。
他安住於過去、現在、未來三世加持者的智慧中。
他不住於涅槃，安住於究竟圓滿。
他住於遍見一切眾生的層次。
月光童子啊，這一切都是佛陀善逝偉大的圓滿善德。

《三摩地王經》第19章

就像釋迦牟尼佛曾經修行廣大禮讚供養一樣，如果你禮讚一切諸佛菩薩，持名供養，你也會很快得到三摩地。你不必無條件地相信我的話——你只要實際付諸修行，就會清楚地知道讚美和供養，如何增強修行者進入禪修甚深層次的能力。不行供養的修行者會有被困住的窒礙感，禪修會顯得枯燥，修持道路走起來會有被強迫的感覺。

據說，釋迦牟尼佛因為讚嘆了前世諸佛，諸佛自然就成為了釋迦牟尼佛的上師。正如釋迦牟尼佛善巧地讚嘆、侍奉諸佛，所有行止之中都在讚嘆諸佛——我們也應該如此修持。

以無執的善行作為供養

> **月光童子，如果你希望能得到這個三摩地，**
> **並且希望快速無誤地證得無上正等正覺，**
> **就要像我一樣精進於供養、禮敬、侍奉諸佛善逝。**
>
> 《三摩地王經》第二章

經部和續部以多種方式概述了供養的利益。所有不同的法教解釋，都歸結為要減少繫縛和執著。當我們開始修習佛法，執著就會從世俗對象轉向修行層面，修行人於是轉而著迷於自己的福德和戒律。透過供養，我們練習將物質和修行上的執著取為道用。當良好的修行覺受產生時，也可以把這些修行經驗供養給諸佛菩薩。

佛陀提到有三種供養。第一種供養是清潔佛壇、美化廟堂、供花和薰香。換句話說，我們表達對修行空間的敬重。這種供養是透過實際行動，表達和增強對修行場域的感激之情。

第二種供養是利益他人的布施。佛陀說，為眾生提供服務時，就等於為佛陀本人服務。可以供養眾生實體物資，給予身的庇護。供養眾生言語和實際支持，來保護他們免於恐懼。供養佛法，讓眾生覺醒。佛陀說，時常供養佛法的人，就是護持佛法，對世間的認知也會變得清淨。

第三種供養是無執的善行。遠離世間八法，以正念、溫和、善巧、慈愛的心來行持善法。這就是供養。

月光童子，修持三摩地是什麼意思？
月光童子，請善諦聽：菩薩摩訶薩，
發大悲心，精進供養如來及善逝。
然後將這些善根迴向於獲得三摩地。
他們供養如來，不希望得到什麼回報；
他們不貪求自身貪欲或享受的對境，
不貪求投生善趣或擁有追隨者，
他們只想著佛法。

《三摩地王經》第六章

供養和發願必須伴隨善法修行

我們需要知道如何取用當前擁有的財富，將其轉化為佛法。如果擁有資源或財富，但不願意施予，代表我們有吝嗇的習氣。吝嗇對布施者本身和接受布施者的影響是一樣大的。吝嗇的人無法善用財富，不能累積福德，不能逐漸接近覺悟，也無法為自己未來世的投生累積福報。

如果一個人能讚嘆並供養佛，並發願往生這尊佛的淨土或淨界，那麼他就開始為這樣的投生積聚助緣。當然，供養和發願必須伴隨著善法修行，才能調柔心續，獲得讓心與諸佛清淨界域相應的善緣。

若對彌勒佛行無上供養，受持無上正法，必往生極樂淨土。

《三摩地王經》第18章

如果一個人擁有財富並且懂得如何布施，布施就會成為一個引領的力量，讓他獲得超越任何形式世俗受用的三摩地。我認識一個很聰明的人，她總是來問我：「仁波切，你打算什麼時候舉辦今年的大成就法會？」這個法會是由我的寺院舉辦，為期九天的密集修持。在九天的時間裡，數百位僧侶聚集在一起，修持金剛薩埵法門，累積極大的福德。這位女士總是熱衷於贊助這些法會，但每當我說「我需要鞋子」時，她都沒有興趣去買。她想要布施的是大型法會，累積更多的福德。支持僧尼和在家修行者的認真修行，比起供養衣服和鞋子等物質，具有更多的福德。

真正利益他人的布施

我們也應該要知道如何布施，才能真正利益到他人。例如，我有另一位富有的功德主，他送給我一幅價值近三萬美元的畫。這麼一幅昂貴的畫，我應該怎麼處理？用同樣的一筆鉅款，可以供養和支持我們寺院中眾多僧尼的修行。

另一個學生曾給我一個看起來很奇怪的小雕塑。它是粉紅色和綠色的，看起來不像任何特別的東西——我想這是藝術品。我很確定它有一定的價值，但是不知道誰會想購買它，我也不能出售它。我當然也不能把它丟掉。那該怎麼辦？

我曾去另一個學生家舉行法會。法會結束後，他們把三磅的純銀放在我面前的桌子上。我問他們：「這是做什麼用的？」他們回答說：「這是對您的曼達獻供。」這就是明智的布施行持。他們沒有把錢花在其他事情上；他們知道我會善用這些白銀，用在修持能累積福德資糧的善法上。

與其供養個人偏愛但他人難以利用的物品，不如供養可以用來累積更多福德的事物，和可以為他人帶來直接實益的供養物。

帶著對佛陀的尊敬，你可以供養任何自己認為有價值的東西，但當你布施給僧伽時，尤其應該思考什麼事物真正對他們有用。非日常使用的物品，可能具有崇高的意義，但如果崇高的含義能夠與實用功能相結合，就可以幫助很多人。你應該布施，使你的心沿著佛法的道路前行，並不斷增長自己智慧和一切眾生的智慧。你應該知道如何在布施修持中，掌握累積福德的重點。

日常生活中如何供養

經文列舉了許多可以布施與供養的東西。首先可以從布施衣服、醫藥、實用物品和薰香開始。凡是能夠使用的，凡是對自己來說重要的，凡是有社會價值的，都供養給證悟者。無論積聚或獲得任何福德資糧，都將一切迴向給證悟佛果。這樣的布施與供養像是樹根，能夠滋養美麗三摩地之樹。傳統上也說，供養所獲得的世間業果是會變得更富有，能投生到一個擁有更多閒暇和圓滿的地方，布施者將不再充滿恐懼，也會更有自信。

在寂天菩薩的《入菩薩行》中，有許多解釋如何供養的段落，敘述了實際供養的方法等等。學習如何行獻曼達等儀式，需要時間和老師指導，所以一開始也可以用簡單的方式行供養。在回家的路上看到一朵花，可以把它放到佛像前。看到特別美麗的日落風景，可以想：「我將此供養給諸佛菩薩，以使一切眾生能夠證悟本性。」以心念行布施，可以減少布施後感到後悔和執著的機會，並增強願力。在物質供養之上，再次進行精神供養，則類似於努力發起願菩提心，同時透過行菩提心來實現證悟意願。

第二：用心施予

在心念層面上供養時，我們觀想諸佛菩薩，

獻給他們所有的外在供養：

億萬盞酥油燈、森林和溪流、良車和華服——

所有我們想要的東西。
在內在層面上，供養自己的身軀和所累積的善德。
在秘密層面上，則供養對三摩地的了悟。
另外，我們總是可以任意地在一剎那間，
將自己的佛性供養給諸佛菩薩。
因此，月光童子，應該要不見有如來而供養如來，
並且不取有我，不求果報。

《三摩地王經》第六章

一個善巧的修行者在供養時，不會帶有任何期望，不執著於獲得果報。沒有任何期待，就叫做「如法之心」。在無性相狀態中行持供養，可以讓修行者解悟這個如法之心。經過這樣的修持，就能夠見到究竟的佛，也就是法身佛。

只要主體和客體的二元對立仍然存在，就無法遇到無有性相的法身佛。即使是憶念著諸佛菩薩的殊妙功德，仍然屬於思考的過程。執著於任何概念，而期望能遇見法身佛，這是不可能的。因此，佛陀說正確的供養方法是不見如來、不見佛，放棄對善業果報的希求，並且不要認為「有一個人」正在奉獻。這被稱為「三輪清淨施」。

第一，要培養供養諸佛而不求回報的能力，並將福德迴向給一切眾生。然後，要發展三輪體空的能力，視佛（供養對象）、我（供養者）和行為（供養行動本身）都沒有實質。佛陀說，如果能夠這樣供養，就會獲得證悟。

每次供養時，都要迴向福德。透過在心念上的迴向，將福德全部奉獻出來，這樣能夠使善行不會漏失，並讓迴向變成了第二次的供養。迴向的時候，請如此發願：「以此功德願證佛自性，降伏煩

惱怨敵之過患，生老病死洶湧之波濤，願渡眾生解脫輪迴海。」如此迴向的福德將永遠不會消失，它會一直如影隨形，直到你完全覺醒。

[實修引導]

成為一條慷慨的溪流

一、清淨佛龕，恭敬地向證悟所依物行獻供。

傳統上有以下八種供養：

- 洗滌水 • 飲水 • 薰香 • 花
- 燈或蠟燭、酥油燈
- 塗香 • 食子 • 音樂的象徵物

二、在日常生活中利用各種機會利益他人，包括財布施、無畏施、法布施，以及無執著地行善。成為慷慨之流，利益你所遇到的每一個人。每次你見到某個人時，請在心裡想著：「我可以幫助你嗎？」

三、行住坐臥時，練習以清淨的發心，行內在供養、無執與放下，以及真誠地懺悔所犯惡行。

四、以迴向個人善行來布施，發願一切眾生能證悟成佛。

第7章 真實戒律

持守戒律的最高方法，
就是憶起諸法從一開始本質上就是寂靜，
並觀三界如夢。

你將會充滿智慧，並讓智慧臻至圓滿。

你將跟隨佛陀的腳步。你不會偏離你的誓願。

你將能獲得涅槃。你將能得證三摩地。

《三摩地王經》第28章

佛陀曾經多少次將他的修行智慧傳授給我們？證悟之後，佛陀沒有選擇耽留於靜好的森林中，用餘生坐看落葉飄飛。如果在林間獨修可以拯救世界，佛陀就會一直留在他的禪修草墊上。然而，當梵天殷切地來到佛前求法時，佛陀同意涉足世間，向無數眾生傳授解脫之法。

授予他人佛法的智慧，就是提供他人一個能夠證得無上佛果的機會。要能夠善巧地弘揚佛法，首先自己需要獲得修持成果。為了得到修持成果，就需要持守戒律。戒律來自於真誠、不虛偽的發心動機，希望自己能夠修行成就，傳授佛法，引導眾生也獲得光輝的修行果實。

就大乘佛法而言，戒律有三個層次。第一層次的戒律，是不在身體上傷害眾生。第二層次的戒律，是持續不斷修習佛法。第三層次的戒律，則是將修持成果帶入世界。第一層次的戒律是最簡單的——你可以跑到一個洞穴裡躲著，就能避免傷害到任何人。比較難一點的，是第二層次的佛法見地和培植，但是這些也可以在偏僻山間獨修。第三層次的實現佛行事業，比前二個層次都更具挑戰性。修行者的工作是要培養正念，以融匯這三種層次的戒律，持戒圓滿。

第一層次的戒律：不傷害任何生命

月光童子，這個三摩地充分顯現了萬物的平等性，
它是什麼？
它是身、語、意的承諾，是清淨的行動，
超越任何依緣，並對五蘊有全面的知解。

《三摩地王經》第一章

佛陀在一轉法輪時教導了基本的佛法法教，要求修行者以正念覺察，注意身體行為、言語和內心活動。而當佛陀在二轉法輪闡述大乘佛法時，主要重點則集中在仔細觀照心。調伏身體和言語時，心就會穩定。同樣地，當心穩定時，身和語就會謹慎如法。

謹慎即是正念。具有正念時，就能憶持事物的原本如是。這是既簡單又深刻的理解。持有正念時，就不會忘記無常、苦、無我或空性。內心恆常不偏離證悟的目標時，清淨行持會自然無勤地現起，並在「解脫一切眾生」的動機中恆時薰修六波羅蜜。每天早上醒來、度過一天、開車、喝咖啡時，都絕不忘記「讓一切眾生脫離痛苦」的目標。這就是大乘經典所教導的修持之道。

對他人和自己透明沒有虛偽

一旦忘失「解脫一切眾生」的正念，修行人就變成了偽君子。佛法修持道路的重要內涵在於戒除偽善，偽善的根源是不真誠。我在過去曾經執行過一些工作，那些事我自己都懷疑是否能夠完成。當最後真的無法達成時，我讓人們感到失望。現在，每當又有人前來要求我做一些事，而我不確定能否完成時，我不會再立刻給出承諾。這是一種真誠，也是我用來努力對治虛偽的一個小原則。請讓我們正視自己的虛偽慣性，並無畏地承認它們。我們都很了解自己是如何地戒律鬆散；對他人和自己透明沒有虛偽時，就能夠感到鬆一口氣。

偽善有貪欲偽善者、瞋怒偽善者、無明偽善者三種。貪欲偽善者為了他所算計的某種目的，可以說出任何話。瞋怒偽善者會以一種微妙的方式對自己和他人說謊。瞋怒偽君子在對抗社會或結構性不公正時，充滿正義感，但他們所使用的語言是戰鬥語言，而且也反映不出原本驅使他們起身行動的慈悲心。這些人的憤怒並不是「憤怒的慈悲」，儘管他們可能想相信自己是為慈悲而戰，但事實上他們的行為被憤怒所矇蔽。至於無明的偽善者，他們根本不知道自己在做什麼。

我是否謹慎？

戒律意味著指認出自己的偽善，知道虛偽會傷害他人，知道自己可以消除虛偽，也知道如何在見地和行持上進步。我們需要對此深信不疑，必須一再複習「我知道我可以進步」這句話。

推動戒律的力量，不是出自恐懼或自我懲罰，戒律來自於自信和尊嚴，知道自己不是被設定好一組個性的靜態人物，性格不是無法改變的。生命的核心本質是智慧和慈悲，而通往此核心本質之道是透過善巧和謹慎的戒律，讓我們的行為與自身本具的尊嚴大力合一。不用嚴苛地棒打自己直到血肉模糊，只要自問：「我是否謹慎？」

有人聽聞過許多法教，對佛法也有一定程度的思索，所以他們相信自己在修行佛法。他們可以引用佛陀的言語，鋪陳出一席優美的佛法言論，但這些人不護戒身、語、意行為，有時還會扭曲經典文句，來為自己的惡行辯護或開脫。佛陀告誡我們，要謹防落入這種陷阱，不要變成這種人。

第二：修習見地，培養對佛法的理解

> 了解眾多的法教之後，
> 你的修學已經夠了，
> 然而如果你不守護戒律，
> 腐敗的戒律會把你帶入惡趣，
> 那時所有的學問都無法保護你。
>
> 《三摩地王經》第九章

僅僅知道如何自律，並不能避免衝動行為的惡果。戒律能守護心，讓心不要像猴子一樣在各種衝動之間擺盪。如果心念不會無法自主地散亂飄盪，那麼身體和話語上的誓戒就更容易持守。我們必須盡力戒除那些導致自心迷亂的物質和惡緣。心迷意亂時，痛苦就會遍地開花。

例如，酒精等物質傳統上被認為是不善的，因為它們使心念動盪不安。讓我明確指出一點：酒精本身並沒有壞處，但不安定的心卻是有害的。有時候酒精可以是良藥，有些其他物質也是這樣，比如患有多發性硬化症的人有時會服用大麻為藥，止痛劑則可善用於緩解住院病人劇烈的身體痛苦。非常高階的金剛乘修行者，可能會一次性地服用某種致幻植物，以了解心是如何地具有可塑性，並幫助觀修一切如幻。

物質只是物質，但當一個人是為了墜入更深的迷惑而使用某物質時，就會產生傷害。戒律是要戒除那些使自己更加深陷迷惑的惡緣。

佛法也教導我們要保護自己的身、語、意，避免受到不善友伴的影響。不要去批判那些逾矩或造作惡行的人，但自己應該要保護自心，不要讓心搖盪不安。如果持續與惡友為伍，自心也會很自然地受到影響，難以定靜。佛法傳統中，有一個鼓勵親近善友的美麗比喻，據說如果將一塊普通木材放在檀香樹林中一段時間，這塊木頭也會開始散發檀香。同樣的道理，一個普通人如果多親近善知識，自然也會開啟賢善和智慧等功德特質。

以心的品質來驗證行為

在現代，佛教戒律經常被誤解。人們認為佛教總是反對這個、限制那個，然而這不是佛法對戒律的看法。佛教建議我們，要遵守有助於覺醒的誓戒。佛法說，過量進食有害，但佛法從來沒有說食物本身是不好的。我們也都能承認，飽食時的確會讓人變得遲鈍，睡眠過多或休息不足時也會昏沉。戒律的目標是為健康、穩定的心創造助緣。如果決心證得無上大樂，就必須以覺知去戒除擾亂自心的因緣和活動。這樣的觀點非常合乎邏輯。

對入門者來說，禪修練習很大程度上受到周圍人群、攝入物質甚至身著何種服裝布料的影響。如果想要生起真實的三摩地，那麼就必須堅持以明智的態度來處理這些外在因素。一般來說，請記住這一點：內心驛動不安時，就會遭受更多的痛苦。心不動盪時，你自動會知道它是平靜的。這就是穩定。

概述僧侶行持的經典說，僧侶不應該處理黃金。然而如果一個比丘完全沒有任何執著，有人給他一個箱子，裡面裝著價值100萬美元的黃金，他也可以接受。大乘佛教強調以心的品質來驗證行為，而不是僅僅透過經典上的準則。必須捨棄瞋恚、貪愛和無明。如果擁有相續不斷的正念，就有戒律。開始持守誓戒來穩定身體行為時，在更深的層面上，我們也會讓憶持「五蘊皆空」的正念開始穩定下來。五蘊構成了生命的整個體驗，解悟五蘊皆空的穩定性，確保我們不會違背誓戒。

明白五蘊皆空的人，
了知五蘊自然是空性、無我。
任何身體動作都變成清淨的行為，
他們的戒律永遠不會毀損。

《三摩地王經》第39章

對抗魔的鎧甲

菩薩對佛說：「每當我修行佛法時都會遇到障礙。為什麼？」佛陀說：「當然是這樣。當你修持時，你會遇到障礙。如果不修行，就不需要障礙。你就是障礙。」對我來說，這是最棒的教導之一。如果你修行，魔就會妨礙你。魔不是指外面有鬼魂等著抓你，魔實際上指的是負面情緒與煩惱。當你扭轉自己的習氣時，就會清楚地看到魔。對修行者來說，魔非常明顯。如果你不修行，你離得太近而無法發現魔，你自己就是魔。

儘管如此，人們卻總將惡魔外在化，不知道魔的根源是我執。人們習慣於覺得外面有東西伺機要傷害他們。在金剛乘中，我們採用許多修行方法來減少這種恐懼，例如觀想修行場所周圍有一個堅不可摧的結界。但事實上，減少恐懼最好方法就是修習空性。我們應該運用觀修的方法，直到真誠地修行空性的能力現前。一旦能夠修習空性，持守正見的戒律就是伏魔的鎧甲。

什麼是空性？這不容易描述。佛陀用許多言語來指出空性，佛說空性無生、無滅、不可言說、無相、一直如是。他說空性本然清淨，見到這一點的菩薩即是了知實相。

一切從起始以來即是寂靜

大乘佛法說，一切從起始以來即是寂靜。這就是我們要去理解的道理。聽聞空性的說法後，光是理智上得出「現象不真實存在」的結論，然後就這樣置之不理，這是不正確的。這樣的話，這個概念最終不會對你有益。縱使你堅持空性的假設，如果我現在狠狠甩你一巴掌，你立刻就會轉而相信現象真實存在。

真正的接受空性，是要看到現象實際上、本質上沒有實質存在。它們從未真正出生，因此永無止滅。沒有任何人為造作讓事物成為那樣——我沒有這樣做，你也沒有。所有現象都是自然如此。

> 接受現象的無我本質，
> 就是無有煩惱地感知無我。
> 了知一切現象如虛空：
> 這才能稱為接受。

《三摩地王經》第四章

我們透過積聚正確修行因緣、布施、持戒、釐清見地以及禪修來得到解悟。如果想真正看到實相，就需要掌握修道的所有元素。不這樣做而說要修行，就只是一廂情願。如果能夠證悟空性，就能獲得徹底圓滿的解脫。

從輪迴的夢境中覺醒

具有空性智慧的菩薩，不再對諸識的對境有執著，因為他知道那些對境是無實質的。事物不會讓他感到厭惡，他也不會在厚重的無明障蔽中盲目行動。如果已經看到沒有什麼好渴望的，他又如何去渴望任何東西呢？他已經遠離魔的對境，他能夠維持佛陀的清淨世界觀，透過空性體悟的智慧使自己成熟。雖然對空性的證悟是無法言喻的，但仍然可以透過隨念戒律來接近它。持守戒律的最高方法，就是憶起諸法從一開始本質上就是寂靜，並觀三界如夢。傳統的如夢譬喻是，一切現象都是幻相、幻覺、回聲、視覺缺陷、魔術表演、水面倒影、虛空。

一切現象如夢，這是什麼意思？夢的內容來自醒時生活發生的事件，入睡時看到的夢境是醒時情境的印記，這讓夢中的人會錯認夢是真實的。即使知道自己在夢中，問題也只解決了一半。我們可以意識到自己在做夢，卻仍然繼續做夢。如何才能從夢中醒來呢？

同樣地，醒時生活中，我們可以「了解」自己處於輪迴幻相中，可以「理解」路邊花朵和飛機座位後背髒汙的置物袋都是幻相，但是仍然沒有「覺醒」。我們以持戒開始走上修持道路，是為了讓自己從輪迴的夢境中覺醒。目前我們還沒有走出來。覺醒是我們的目標，是修行的原因。如果沒有戒律，就不可能覺醒。

同樣地，顯相就如同幻覺，因為我們感知到的事物並非真實存在。我們可能認為一些因緣是好的，並覺得它們是恆常存在，這是謬誤的見地。

創造奇幻世界的魔術師

事物就像回音，因為我們一直處於虛幻的聲音和批判之流當中，執取然後分別「我喜歡這個」和「我不喜歡那個」。受到稱讚時，我們就感到高興，然而每一個讚美的話語片刻，都像彈指瞬間一般來來去去，每個字句來臨又消逝——為什麼要去抓住它們呢？想去抓住讚美的言語，就如同試著去抓住回音一樣。根本沒有什麼可以抓住的。誰在發出回音？是自己。受到讚美的人一次又一次在心中複誦著讚美之詞，發出無法持久的噪音，執著於從不停留的音聲。一個人誇你一次之後，你又繼續誇自己一百次。

顯相就像一種視覺缺陷。有時我看到某人，我覺得：「他討厭我。」事實上，他看起來不友善，是因為他自己正身陷婚姻問題，我看到他的憤怒與我無關。我根據他的面部表情創造了一個完整的故事。「這個人討厭我，因為我知道我的朋友曾告訴他，我不喜歡他的態度。」我一遍又一遍地翻攪與事實完全無關的情節。

一切顯相都是虛幻的反影，因為每個人所看到呈現在世界上的一切，都是心。我們雖然看不到外境世界有一顆實質的心，但當自己的性情改變時，就會看到外在世界隨之變化。心不會真的「前往」外界的某個地方，但我們能看到自己的心態運作如何表現為外在顯相。

魔術表演是一個很好的類比，可以用這個譬喻來了解我們如何幻想。我們創造情節，作白日夢，設想出奇幻的世界。我們毫不費力地編造故事，把自己安置在劇情之中，扮演英雄或土匪。這些故事神奇地出現在眼前——毫不真實，但仍然讓我們糾結其中。另外一個比喻是虛空，簡單來說，是指一切事物毫無分離地生起於無礙虛空的廣闊空間。

第三：帶著覺證行走

由於他們感知與了解現象沒有實質存在，
因此他們沒有執著、瞋恨、無明或邪見，
他們住於定境，遠離戲論，進入大樂並達到無所畏懼。

他們具有戒律、智慧、知識、功德、神通、
正念、利根、證悟、精進，沒有痛苦的煩惱情緒。
他們是滅敵者。
他們的心因為解悟實相得到解脫。
他們的智慧是解脫的。
他們被稱為婆羅門僧侶，至高無上的存在。

《三摩地王經》第九章

當印度偉大的瑜伽士那洛巴脫下僧服時，他說：「以前我受戒出家為僧，現在我是真正的僧人了。」《三摩地王經》中解釋了那洛巴這句宣言的意思：他是真正的比丘、真正的婆羅門、真正的聖者、永遠脫離三毒的人。人們有時會批評一些已婚金剛乘上師仍著法衣。然而，如果你細看的話，他們示現的正是大乘經典中闡述的法義。

保持如夢見和無我見時，就脫離了「我」。當你擺脫「我」的束縛時，就擺脫了恐懼和負面情緒的掌控。沒有恐懼，就能不動搖。不動，障礙就無法影響你。如此平靜不動搖的菩薩能夠毫無畏懼地利益他人。佛陀說，如果保持清淨的戒律，即使進入盜賊、說謊者、惡業重大之人、蛇蠍百毒齊聚的巢穴，也不會受到影響。佛經中常提到這一點。人們常問「無我」有什麼好處。答案就在這裡。

如果你遵守戒律，人們會讚揚你。讚美自然會發生。但是如果你是一位發願利生的菩薩，卻沉迷於讚美，那就不是真正的持守修行。同樣地，如果他人批評你，你感到憤怒，並放任負面情緒猖狂增長，那麼你的行持就不如法。為了保持完全、徹底的清淨戒律，你必須變得像虛空一樣。

如同虛空無垢、清淨、自然光明，
身體的清淨誓戒也是如此，
永遠無法用言語表達。

《三摩地王經》第39章

菩薩之身的清淨行持，源自於他們對空性的認識，無法真正言說。顯相的自然明空，也是超凡而無法言說的。超越對粗重身體的執著，進入純淨、如天空般的虛空時，我們的身體就是最究竟的誓戒容器。這也是無從言說的。真正明白這一點的人，不會背棄身體上的戒律。

[實修引導]

維持戒律

- 注意自己的行為，日常生活的每時每刻都小心謹慎。自我評估：我是否傷害任何人？

- 在正式的座上禪修中，交互修持生起對一切眾生的慈悲心，以及憶念一切皆是幻相。

- 記住，空性是你的身體、念頭、感受和一切顯相的本質。這個空性從來沒有被創造出來，也永遠不會衰敗或減少。它永遠清淨和自由。憶念這一點並保持這個見地，這是真正戒律的起點。

第8章

安忍無傷

憤怒生起時，放下它。
保持平靜，行持善法，
將佛法的殊妙銘印於心。

第一：培養無攻擊性

世界上人們遵循許多信條和原則。
就第一層次的安忍功德來說，它的原則是，
對所有人都懷有慈悲心，心無瞋怒。

《三摩地王經》第七章

在中國一座青翠的山中，僧人在此修持阿彌陀佛（即無量光佛）法門。他們以極致的虔敬心持誦阿彌陀佛心咒，祈願並禪修阿彌陀佛淨土的經典。最近我聽說有一隻鳥飛到這裡，歇腳在一位僧人身邊，嘰嘰喳喳地鳴叫著「阿彌陀佛」。想像一下，你日夜修行阿彌陀佛法，突然有一隻普通的麻雀飛來並且鳥語「阿彌陀佛」。僧侶們無疑認為這是一個吉兆。這隻鳥給了他們信心，讓他們相信自己的修持如法。

我們大部分的人不是在這種環境中修行。我們夜有惡夢，生活在汙濁的城市裡，人們咒罵我們，周圍的一切似乎總是與修行的努力相互衝突。窗外有鳥鳴，但牠們絕對不在稱念「阿彌陀佛」。在這種情況下，如何驗證自己的修行是否順利？我們需要誠實地審視自己的修行動機。如果是出自清淨的慈悲動機，並且盡己所能不執著於自他，那麼這樣的修行就很好。事實上，直到成佛之前，比較清淨的覺受仍是可以生起的。

因為尚未體驗過，所以我們無法知道「完全清淨的發心」實際上是什麼樣子，需要依賴一些幫助，才能夠將目前的修持進度架構起來，好知道接下來的修行道路必須往哪裡去。我很幸運擁有可靠的老師，能夠依止這幾位上師們來幫助自己培養發心。

許多人無法長時與可靠的老師保持聯繫，因此也可以依循佛經的指示來修持。我們必須以非常敏銳的檢視眼光，自我檢驗自己的發願是否符合佛法法義。我們必須閱讀偉大上師的傳記，了解他們是如何精進修行，他們的安忍是如何浩瀚，他們的發心有多麼純淨。

驗證修行的友伴

見地、禪修和行持應該永遠保持一致——行持必須是發心的展現。然而對大多數人來說，情況並非總是如此。修行人會在座上禪修中觀察身體的構成部分，知道如《心經》所說地提醒自己：「無眼、耳、鼻、舌、身、意。」在修持當中深入探討這些問題時，能夠產生虛空的覺受。但是當一座禪修結束，修行人是否能將這種寬廣虛空，從禪修墊轉移到自己的人際關係中，修習無瞋、慈悲的安忍？當遇到觀點與自己不同的人時，是否仍然能持有空性的見地？

一個修行人可以禪修空性，但同時心底仍僅為求己益而嚮往開悟。在這種情況下，修行的發心、見地、禪修和行持沒有同一。當發心、見地、禪修和行持整合為一，三摩地會自然而然地現起。

我們通常會有至少有一位友伴，時時要求我們驗證修行是否如法。這個人會試圖在我們的理論立場上找到弱點，或者以宗教基礎發起挑戰，他們會提出諸如「讓我看看佛陀的神通」之類的要求。我們的回答應該始終保持冷靜和興趣，並為自己的觀點提供適當的解釋。沉默以對不是正確的做法。應該要耐心陳述正確的認知，不要被煩惱所驅動。透過這種交流，他人的挑戰可以幫助完善自己的修持，並揭示彼此之間的知見差距。這種友伴能幫助修行者培養耐心，並有助於訓練悲心。

修持自他交換的禪修

慈悲與安忍密切相關。我們不應該橫行於這個世界，想著：「比起其他人，我實在太優秀了。我知道的比別人多，我比別人更有智慧，所以我擁有慈悲心。」這是完全錯誤的想法。慈悲心來自對眾生平等性的尊重。佛教中的慈悲，意味著了知所有眾生都在完全相同的陣線上，大家都只想要快樂。

我們必須安忍，在心理上調整自己，以適應這個眾生平等的認知。開始體驗到眾生本質上的相同性時，自然無勤的安忍就會產生。

我們必須時時注意自己如何與人相處。專志進取的修行者常會產生一種錯謬的想法，認為自己比其他人優越。我們要訓練自己，至少必須視自己與他人平等，或是自己低微於他人。事實上，應該視傳授自己哪怕僅一字佛法的人為老師。如此開始減少自傲。

> **他們必須懷著喜悅和恭敬的心，**
> **認諸佛菩薩為導師。**
> **也必須將講授佛法的人視為老師。**

《三摩地王經》第18章

同時，我們也要修持自他交換的禪修。每當與其他修行者談論禪修練習時，應該以「視對方為更好的禪修者」的角度來發言。如果我們總是覺得自己很厲害，或者感覺自己已進入某種善行安全區，不需要再謹言慎行，這其實是誤解了自己當前處境的脆弱和無常。我們必須坦然承認，從無常的角度來看，一切眾生都是平等的。

一切事物是完全清淨的

了知一切現象皆為虛幻，
超越了尋思之範圍——
於智慧中增長而無衰退。
此為第一層次安忍的品質。

《三摩地王經》第七章

在究竟層面上，請記住一切事物的基是遍在的智慧。這就是對自心本性的憶念。基清淨如幻，道清淨如幻，果則是對完全清淨的了悟。無論是修持止禪或深奧空性，都必須不斷憶念一切事物是完全清淨的。這個清淨根基是培養殊勝安忍的基礎。

佛陀已經宣說了獲得安忍自在的方法。我們必須作出選擇：是真的要實修佛法並將其融入自己的覺證，還是要以自己目前的習氣和欲望來操縱修持？要不受習氣操縱而真正實修，就需要安忍。修習「觀一切現象如虛空」時，就能更接近無我，無有煩惱，趨入空性。

大乘經典教導我們要修持一種廣闊的禪修，在這樣的禪修中，其實沒有一個可執取的有限對境。從這種修持狀態中出定後，我們進入下座狀態繼續生活。禪修下座後，應繼續將一切視為幻象。在如幻的見地中，執著不會很強烈，於是智慧會增長。這是安忍的開始。

藏文中通常被翻譯為「出離」的這個詞，其實還有另一個類似於「期望達成」的含義。出離心的正面面向，可以對應至「達到如天空寬廣的見地」所需要的安忍。獲得這種見地時，現象就沒有任何性相，遠離執著和痛苦。

佛陀的即席開示

只要修持就好。憤怒生起時，放下它。這是第一層次安忍的一部分。保持平靜，行持善法，將佛法的殊妙銘印於心。不要對外道觀點產生瞋怒。削弱自己的驕傲。如果有人公開責罵你，請趁此機會觀察自己的反應。佛陀不只限於指稱某個年代久遠的歷史人物；相反的，應該將所有經驗視為佛陀的即席開示。儘管四大元素不斷變化，你仍必須一心一意致力於成就佛果。以上這些都是第一層次的安忍修行。

> **不論你聽到哪一個殊勝佛法，**
> **對佛語無疑，對一切勝法有信心**
> **這都是第一層次安忍的品質。**

《三摩地王經》第七章

如果不聽聞佛法，就無法修行。行持、禪修力、智慧力等這一切都始於聽聞。因此，我們要修習聽聞和思維的安忍，這樣就能夠消除疑慮。

經典中提到我們必須要對諸佛菩薩聖眾有信心。為了得到信心，我們要去研究他們的功德特質和他們所奉行的佛法。這些崇高的成就者們是屬於哪些理論體系和傳承學派？

事實上，佛陀不屬於任何宗派。覺醒者不被概念體系限制與束縛。佛陀是已經超越煩惱障和所知障的完全勝利者。那麼，佛陀能教導什麼呢？真正的佛陀只會教導有助眾生解脫之法。他根據眾生獨特的業力和能力，教導眾生脫離煩惱的法。覺醒者教導使眾生獲得證悟的方法。

你所修習的法就是你所傳授的法。

《三摩地王經》第13章

有時我們會陷入一種可笑的想法，把佛陀也看成是佛教徒。如果佛陀是佛教徒的話，我們不禁要問，佛陀皈依誰呢？他明白四聖諦嗎？如果他明白，那是不是就表示他有心？如果是的話，那就表示他有煩惱的根源，他是眾生，不是佛。我們需要深入思考這些問題。關鍵是要回到「勝利者」的名號，並思考它的真正含義。勝利是指戰勝身體上的敵人嗎？不是，勝利是指戰勝疑惑，戰勝煩惱，戰勝邪見，最終戰勝一切概念。徹底審查，就是修持第一層次的安忍修持。

第二：禪修

站立說話時安住禪定，
坐下行走時安住禪定，
智者使三摩地達到圓滿。
這些都是第二層次安忍的品質。

《三摩地王經》第七章

禪修必需成為持續的修行。雖然我們用座上修和禪修後狀態來為禪修分類，但最終應該將超越上下座的分立。持續的修行能開啟三摩地的進展。我們需要廣泛的見地理解和應用實修。持續禪修就是第二層次的安忍。

透過奢摩他止禪的力量，煩躁消失了。
透過毗婆舍那勝觀，你變得像一座山。

一切眾生加在一起都無法擾動你。

這是第二層次的安忍。

《三摩地王經》第七章

在本書之後討論禪修的章節，我們將學習佛陀在《三摩地王經》根本頌中如何教導禪修。現在，請先請知道這一點：「奢摩他」止禪或說止定的修行，可以保護心不要搖擺散漫，因此而能更加安定。

在這樣的穩定中，各個眾生的弱點對你而言會顯得更加清晰，止禪成就賦予你帶領有情眾生走上正道的能力。這是第二層次安忍的一個面向。「毗婆舍那」（勝觀）是一種特殊的內觀修行，可以培養堅固力。透過勝觀，心不再是一個可以被影響的「東西」，這屬於一種非常甚深的領悟。

透過禪修訓練，直覺將得到進步。我們會注意到自己的直覺顯著增強，這是你第一次體驗到，一位禪修成就者的言行作為，是多麼不可思議地精準到位。如果你修行到所有希冀幾乎消失，所有的期待也都止滅，那麼無論你面對誰，那些人都會顯得更加透明。令人分心的噪音消失了。你確切知道該說什麼才能讓別人開心起來，該如何治癒他們的疾苦。

對你周圍的人來說，你的行為可能看起來很難以理解，或者好似與慈悲心的傳統詮釋背道而馳，但那實際上非常強大和仁慈。這就是三摩地的利益。你會知道怎麼如法地教授佛法，你不會說出超出受法者理解範圍的話語，也不會提供比他當時需要更少的法教。所有這些都與第二層次安忍訓練和穩定有關。當你獲得這種清晰度和洞察力時，你就創造了成就如山般穩固之心的助緣。

第三：毫髮無傷

不因獲得而歡喜，也不因失去而悲傷，
但始終懷著山一樣的心——
這些是第三層次安忍的品質。

《三摩地王經》第七章

每當我擔心金錢時，財富好像就是不來。每當我不太關心累積財富時，資源常常會自然地流入。那些認真看待因果業力的人，有時會希望行持善法能帶來財富等善果，這種期望悄悄地滲入了他們的修行動機之中。如果財富沒有隨著善行滾滾而來，他們就會感到焦慮、惱怒和不安。身為在家修行者，當然需要一些安全網，我們有家庭，必須有生活開銷——但除此之外，如果你不思慮太多，真誠地修行，財富有時會從意想不到的方向來臨。

無論什麼事情降臨，都不該太興奮。無論什麼事情終結，都不該太沮喪。財富資糧來來去去，而你面對經濟狀況的態度，適切地反映了你的心有多穩定。其實當你擁有安逸舒適的生活時，修行可能不會那麼精進，會有點懈怠。有些人在突然遇到健康危機或家庭問題時，開始非常專心修行。生活很舒適時，你會貶低修行道路的重要性。佛教不反對享有安適，但它反對除了佛法以外的任何事物能夠創造永久滿足的錯覺。佛法總是提醒：「無常，無常！」

無常的震撼使我們擺脫迷惑。如果能夠在累積財富時不大喜，也不因為失去金錢而沮喪，表示錢財並不會過度影響你的心。這說明你的心是穩的，心穩修行也會穩，穩定的心同時也是良好修持的成果。

以佛陀的眼光看待世間

佛陀的經驗與方法及諸佛行持，皆為菩薩所修行。
這些是第三層次安忍的品質。

《三摩地王經》第七章

佛陀示現了無比的修行誠心。如果想要明白如何成為虔誠的修行者，就應該閱讀佛陀的生平故事，以及詳述佛陀前生的《本生經》。佛陀的風範能透過故事敘述感化我們，用哲理無法觸及的方式來教導佛法。佛陀曾以有如燦爛太陽般充滿愛與智慧的色身，行走在這個世界上，單靠理論無法與這個佛身建立緊密的關係。閱讀大成就者和修行者的傳記時，我們也可以開始以佛陀的眼光看待世間——沒有批判，以清淨平等的慈愛對待每一個眾生，視眾生比自己的身體還要珍貴。在成就者傳記中閱讀到聖賢行持時，我們就會情不自禁地將這些行持帶入自己的生命中。一個菩薩會盡其所能在生活中體現佛陀的事業。

有一種修持叫做「斷捨和淨化」（Abandon and Purify）。在這種修行中，一個人將所擁有的一切給予他人。修持者會實際把自己擁有的一切送給他人，僅留身上穿著的衣服。我們若希望與這些實修建立聯繫，首先要對如此修持的人感到歡喜讚嘆並隨喜。然後，如果有足夠的善巧及勇氣，我們最終可以自己去實現這個修持目標。透過這樣的安忍修行，可以獲得超越生死的證悟，證悟一切現象都安住於法性——實相的本質之中。

安住法性，無所畏懼

圓滿菩薩成道之日，達到三項殊勝安忍，

不再感知有生死，了悟一切現象皆安住法性。
因此，他確定了沒有任何事物是真實構成：
現象本質上是虛幻與空性；
空性本身無法被感知，並且沒有死亡；
一切現象的本質都是空性。

《三摩地王經》第七章

據說，如果你有超凡的安忍，水火不會傷害你，武器和毒藥也不會影響你。安忍會給你美麗的面容和怡人的外相。因為安忍會減少瞋怒，所以它會減低你墮入惡趣的可能性。相反地，安忍是投生三善道的因，因為它既是一種崇高的品質，也是更多其他崇高品質的源頭。如果你有真正的安忍，你的身心將日日夜夜體驗大樂覺受。所有這些利益，在《三摩地王經》中都有提及。

總之，具有安忍的勇者能見到諸法如幻的本然空性，看見一切事物的本質都是空的，但不執取它為一個名為「空性」的東西。空性不是一個東西，空性的本質也是空性。請反思一下這一點。菩薩不再見到任何性相，他們不見性相而能掌握本質，超越生死。他們獲得化身，可以投生到無量世界中利益眾生。這就是修安忍的成果。

[實修引導]

釐清什麼是安忍

一、反思你的動機。此時此刻，你是否真的有利益他人的願望？

二、你真的理解正確的見地嗎？例如，當接受無我法教時，你對自己的概念理解有信心嗎？如果沒有，就要進一步研究、反思、決定。如果對自己的概念理解充滿信心，請付諸禪修，以體證這個見地。見地是關於實相的闡述，禪修是擴展這個實相，行持就是表達實相。

三、不斷地問自己：我的見地、禪修和行持是否一致？

四、真誠自問：我謙虛嗎？我認為別人與自己平等嗎？我是否願意真誠地檢視自己的行為？

第9章 喜悅精進

以「喜悅的努力」開始禪修，
勤勉精進，持續修持不懈，
如此，深奧的慧觀才會展開，
真實的喜悅才會遍滿。

第一：激勵自己

> **如果你毫不懈怠，以喜悅的心精進，**
> **真切努力地求取無上證悟，**
> **那麼你對三摩地的追求就是清淨的。**
> **所以，月光童子，**
> **若菩薩帶著喜悅精進如此修持三摩地，**
> **不顧自己的生命，**
> **就是以佛為榜樣的修行。**

《三摩地王經》第17章

偉大的西藏瑜伽士密勒日巴，住在狂風呼嘯的高山雪洞裡，以單薄的棉布蔽體，靠瑜伽力保暖。他只吃綠色的蕁麻，主要靠三摩地的禪悅為食滋養。幾十年如一日，密勒日巴獨自一人，如此勤奮地依照上師馬爾巴所傳授的口訣修行，最終獲得圓滿證悟。

另一位西藏大師發誓要坐在一個地方禪修直到證悟，就像佛陀曾經發過的誓言一樣。過了幾天，這個大師又饑餓又虛弱。再過四天，他瀕臨死亡——此時，一個明晰的時刻突然降臨，所有恐懼都消失了，證悟之光在他的內心顯現。

還有一位瑜伽士，他誓願在高山湖畔修持，並發誓絕不前往城鎮或村莊尋求食物。他在修持處度過了整個冬天，被大雪困住六個月。在嚴寒當中，他到處覓食而生存下來。有時他找到動物死屍冰凍的肉來吃，有時他從土地裡拔出植物塊莖果腹，有時他吃乾草。

這些瑜伽行者在嚴峻的環境中刻苦修行，是為了穩定他們對證悟的承諾。這樣的實修並不是盲目的愚修，也不僅是跟著模糊理解來進行的。在這些極端情況下，修行大師們十分清楚自己在做什麼。他們對佛法法義瞭如指掌。他們了解修持的路徑，也知道如何一直走下去。清楚了解法義後，瑜伽士們就毫不猶疑開始實修。這些瑜伽士們並不假裝擁有比自己實際證量更高的證悟；他們單純只是擁有能力在極端環境中實修，所以他們如此去修。他們知道自己需要做什麼，並且按照這種理解生活在世間，不顧自己的生命。

精進，喜悅的努力

這些超凡瑜伽士所面臨的各種考驗，不僅是禪修久坐時膝蓋不適或下背疼痛，有時他們的生命甚至會受到威脅。想想驅使一個人以這種生理程度來投入修行的，必是多麼強大的信念。我們應該都要閱讀像密勒日巴這樣偉大禪修者的解脫行傳，他們殊勝的事蹟，向我們展示真正的精進是什麼樣子。

了解人身難得、一切無常、因果不虛以及輪迴過患之後，在這些基礎上開始禪修。為了激勵自己，要記住修行的成果是超乎想像的崇高，正如佛陀在基本法教集《法句經》中所說：「智者難道不會用較小的幸福，來換取更大的幸福嗎？」

有鑑於此，有時藏文中的「精進」會被翻譯為「喜悅的努力」，這種認識佛法道路的角度十分鼓舞人心。「喜悅的努力」在一開始聽起來很不錯，但實際上，除了喜悅之外，勤勉的投入修行是必要的。最終你必須要能夠達到座上禪修幾個小時的程度。老實說，當你修著一座三小時的禪修時，喜悅的努力大概在一小時後就會消失殆盡，這個情況聽起來殘酷，但是十分真實。

一旦你擁有一點穩定的定力，就可以坐下來禪修，並體驗到非常喜樂的覺受。然而當禪修的時間開始延長，你又會開始想：「好吧，夠了，去做點別的事好了。也許我應該吃點零食。」當這種想法出現時，請將你的心轉向無常。我常會很刻意地對自己說：「我今天就要死了。我現在就要死了！我必須修行！」在精進之中，需要加上勇敢的勤奮元素。所以，此處再說一遍，以「喜悅的努力」這個愉快的用詞開始禪修，這是一件好事，但除此之外更加重要的，是要勤勉精進持續修持不懈，這種勤奮的精進才具有我們普遍所理解的功德。如此精進修持之後，深奧的慧觀才會展開，真實的喜悅才會遍滿。

喜悅如同樹根，不斷生長

《三摩地王經》說，如果你的目的是要穩定三摩地，那麼你必須修行到不再懈怠的程度。如果這個程度令人望而卻步，那是因為你仍然渴望平庸的享樂和凡俗的成功。如果你如法修持並以清淨的心求證三摩地，你會發現這條道路就是徹底的喜樂。喜悅如同樹根，能夠長出更進一步的精進。直到完全的喜悅到來之前，我們都要耐心堅持，繼續精進。

如前所述，菩薩是求取證悟的修行者，他們甚至沒有保全自己生命的念頭。然而，證悟的第一步是要了解修行的道路。不了解證悟道路如何展開的話，無論在修行中如何專一努力都沒有用。所以菩薩懂得如何生起三摩地境界，這就是本書所要講述的重點。我們必須果決地將所得到的佛法教示，融入禪修練習中。

我們對修行的興趣，常常太過度地受到禪修覺受的影響。如果在禪修中獲得良好的覺受，就會想要禪修更多。但如果遇到太多困難的情況，往往會讓人對於持續修持卻步不前。障礙來臨的時刻是一個機會，來檢驗自己精進的程度。當然，禪修的覺受經驗中也有過於舒服的另一個極端，這種輕安感會讓人覺得根本不用再修了。

菩薩摩訶薩的精進與常人不同，菩薩摩訶薩的精進只有在危及生存的生理狀況下才會受到限制，區區的痛苦感受不會讓菩薩卻步。所以菩薩的精進確實是非凡的。靜修處的小蛇、在花園裡禪修時盤旋在頭髮周圍的小蜜蜂、汽車噪音或人們爭論的聲音——這些我們最終都不再在乎。不輕易散亂時，就會得到極佳的成果。我們會有被諸佛環繞的體驗，健康感和富足感也會增強。

> 你將受到諸佛和一切天神的擁護。
> 你不會忘失所接受過的法，
> 你會接受到還沒聽過的法。
> 得諸三昧，諸病少生。

《三摩地王經》第29章

勤奮精進者，諸佛也愛戴

當你勤奮精進時，你所愛的人會更愛你。老實說，大多數人都不喜歡懶惰的人。即使努力工作賺的錢不多，但是只要勤於工作，就是精進於一個高尚目標，自然會得到旁人的稱讚。如果你只是整天閒坐，除了吃飯什麼都不做，無論你年齡多大，這樣的懶散都會讓你所愛的人感到厭煩。這是非常理所當然的。

佛法並沒有那麼不同於世間法。如果你精進修持，就會有被諸佛愛戴的感覺。知道自己受到諸佛擁護時，你將獲得他們的祝福和功德特質。此外，天神會保護你，護法神會助你度過難關。你將能解悟佛法，知見不會退轉。你會值遇以前從未聽過的法，並且收穫新法教的果實。即使你僅是持續目前的修持，也會從中產生更深層的解悟。比如你現在可能正在修習培養慈悲心，但當你開始非常精進時，同樣的修持內容會達到更深的深度。你自然會以一種前所未有清晰且慈悲的眼光來看世界。

如花一般清新閃亮

雖然聽聞和思維是修行的基礎，但從禪修中獲得的收穫，會比從大量閱讀佛法書籍中獲得的更多。有時我們會從閱讀中，看到一些對自己來說遙不可及的實修悟境。一本書可以用文字接觸你，但你無法僅僅透過閱讀而到達書中境地。閱讀真實修行者的經驗，與真正坐在禪修墊上調伏自心，有很大的不同。你必須堅持努力、修持訓練並獲得內在的洞見。這比躺在床上讀書並幻想成為偉大禪修者重要得多。我們要丟掉幻想成為「大禪修者」的習氣，努力修行。

只要精進，就能掌握不同的禪定狀態，減少疾病的困擾，也會更重視有益修行的因緣與環境。你會吃得好，修得好，照顧好自己，這都是因為精進！當你問不健康的人為什麼不想運動時，他們有時會誠實地回答：「我很懶。」他們沒有勤奮精進地去努力改善健康。當你修得好、吃得好時，就會像一朵花一樣——非常清新、閃亮、充滿魅力。這就是精進的益處。

《三摩地王經》陳述了這些精進的功德，這些不是我編造出來的。佛常常描述修行的世間利益以及佛法上的果位。這些益處能夠啟發修行，比如外表將容光煥發等，我們確實也應該對這些利益感到歡喜。然而，除了世俗益處的啟發，還應該將重點導向究竟層面的功德利益。我們承認，世俗益處的啟發的確有它動人的力量，但是更要心向真實三摩地中無與倫比的法喜。以下我們將說明，透過在三個方面的努力精進，能夠獲得這種三摩地法喜。

第二：追求結果

> 菩薩應在三方面精進。
> 哪三方面？
> 第一是煩惱情緒的耗盡，
> 第二是成為福田，
> 第三是發願獲得諸佛智慧而生善根，
> 但從不是為了體驗世俗快樂而精進。

《三摩地王經》第38章

無論你進行什麼修持，都應有以下這三個主要目的：（一）克服負面念頭和情緒，（二）成為自己和他人的福田（三）獲得佛陀的智慧。

關於第一個目標，當你有能力看到自己對事物的反應、情緒上的失控程度、念頭如何滋生更多念頭，以及自己的執著有多深時，你就能看出自己在修持道路上的進步。你開始注意到這些狀況，這是一個極好的徵象。煩惱與痛苦將透過覺知的力量開始消退。透過正確的修持，煩惱會徹底耗盡它們自己的能量。

蓮花生大士的西藏明妃耶喜措嘉，曾在上師面前發下宏願。她說：「願我成為每個遇見我的人的如意寶。」這就是佛陀說應該「努力成為福德田」的意思。你必須成為偉大的生命，一個擁無量福德的生命，如果有人想到你，哪怕只是一瞬間，他的心相續就會印上你的福德。換句話說，你的智慧和德行的力量是如此強大，只要活在這個星球上就能利益眾生。

接下來第二個目標，你必須以這種方式成為世間的一盞明燈。如果你是真正的修行者，你自然會成為福德之器。

第三個目標是，無論進行什麼修持，都必須以獲得智慧為目標。專注於真實的果位時，修行就不會走上歧路。你不會浪費任何東西。如果你的動機和意圖是有效的，成果很快就會到來。

看看這三個目標：調伏負面念頭、成為自他福田、獲得智慧。第一是為了減少傷害，第二是為了獲得修行成就，第三是為了使證悟和利益增上。

成為真正的福田

藏文中「佛」的說法之一是「炯滇迭」。在這裡，「炯」的意思是「征服」，「滇」的意思是「被賦予」，「迭」的意思是「超越」。因此，第一個字是指克服負面情緒，第二個字是指具足福德和功德特質，第三個字是指出世間的智慧。所以，「佛」其實是三種面向的努力所組成的，這三種努力是構成精進的三個面向。

蓮花生大士的祈願之一，是為與他有緣的人帶來現時利益和究竟大樂，無論這種緣分是正面的還是負面的。我們也應該發起這樣的願望。成為真正的福田時，即使是10年前在停車場敲詐我們的人，也會透過他與我們的一面之緣而受益。這就是從無上修行者的福德海中，所生起的無私慈悲。佛陀說，一百個世俗人的美德，無法與一個真誠修行者的福德相比。

「炯滇迭」中的「迭」是「超越」的意思，也就是體現智慧。你必須從心底渴望與智慧大三摩地不分離，精進努力於對這種智慧的渴求。

第三：隨喜自己的修持

當你看到自己的精進時，請隨喜。在一段時間內，修持道路會在努力精勤和喜悅動力之間搖擺。例如，在寫這本書時，我閱讀《三摩地王經》的根本頌文字，並從中選擇有助於解釋禪修的引文，這會對讀者有所幫助。這些編選需要很多努力，但十分有益。晚上合上經書並躺下休息時，我知道今天一天的努力工作積極而有意義。我會向上師和諸佛祈請，然後就寢。早上醒來時，我會進行一些修持，再讀一遍經書並標註更多的引文，當晚入眠時，我同樣知道自己一直在為利益他人而精進。快樂會伴隨這種努力到來。

我還想談談當今這個時代必須致力的一種特殊精進。當你早上醒來時，請不要立即看手機。你應該做的第一件事是修持：憶念佛陀，發願日日不斷累積福德與智慧。如果你一醒來就打開手機，心念立即開始高速運作，再去修行時心就靜不下來。有時有些事情非常緊迫，但即使在時間有限的情況下，我也會等到早上的修持完成後再去回應。這也是一種精進。

如果精進的話，就會獲得佛的功德。偉大的聖者將會來幫助你。像出淤泥而不染的蓮花一樣，你將不會受到世間眾生苦難和煩惱的影響。因為你一直在修行，所以心向證悟，障礙會像船過水無痕一樣地消融。日日夜夜，善行都會增長。如果你一整天都懷著覺醒的心，它將延續到夢境裡。在夢中，你會因為這個動力而繼續累積福德，在夢中也充滿慈愛。想像一下這會是什麼樣子。

[實修引導]

精煉精進

一、**不斷地憶念無常**：想想自己的死亡和你所珍惜的人的死亡。請記住此時此刻的珍貴，以及擁有能夠真正付諸修行的條件是多麼難得。

二、**調伏負面情緒**：看到自己的煩惱，但不要熱衷於消除它們。平靜地持續修行，以減少這些煩惱的力量。

三、**成為福田**：透過大大小小利益他人的行動來累積福報。你的動機越寬廣、越深刻，福德累積就越多。在你的利他動機當中，應該認知所有現象的不可分離。

四、**獲得智慧**：真正的三摩地是自心的空性，它總是在。反思一下，所有的諸佛不離於空性，因此也不離於你。當你不斷地提醒自己這一點時，三摩地就會增強，直到證悟為止。

第10章 勝利禪修

了悟自心本性的時候，
就是智慧。
不要到其他地方尋求佛。

首先最重要的，必定是善行，
接下來，要學習淨除分別概念的善巧方便，
並放下加諸於事物對境的定義和性相：
這是勝利者的指導。

《三摩地王經》第14章

到目前為止，我們已經討論了菩薩的培養、行持和精進，這些內在和外在的助緣，能夠支持禪修的修持。現在我們要開始實際學習佛陀所傳授的禪修。《三摩地王經》根本頌說，知道如何善巧修持禪定的人是喜悅的，沒有病苦。善於禪修的修行者能夠自然保任行持，修行的道路上不會有障礙。他們持守佛陀的見地，最終讓自己得到解脫。

每當佛陀談到大乘禪修的修持原則時，總是會提到三大支柱：空性、無相、無願。以下我們將以這三個支柱為架構來討論禪修。

龍樹菩薩教導說，空性超越有、無、亦有亦無、非有非無這四個極端邊見的戲論。如果我們相信某件事物是真實的，認為它具備固有的實質，那就是執取「有」的邊見。如果相信一切都是空無，則陷入「無」的極端邊見。相信現象既有又無，仍然是極端的邊見執著。同樣地，相信現象既不是有也不是無，是最後的一種邊見。空性完全超越概念的執著。在認識到空性之前，我們會從一個極端跳到另一個極端。

釋迦牟尼佛說，持空性見，就可以不用勉力維持而安住於三摩地。禪修主要有兩個階段，可以實現這種無勤的安住。禪修初機階段，需要對境來作為支持，接下來的進階階段就不需要了。初機與進階這兩個階段，佛陀在《三摩地王經》中都有教導。

第一：觀光明佛陀

世間之王如此莊嚴，金身純淨。

專注於這個觀想，菩薩就能持守三摩地。

凡能憶念如來身相者，就能調伏諸根，內心寂靜。

其心安住，沒有迷亂。

《三摩地王經》第四章

首先觀想佛陀的金身，將注意力集中在佛身形相上。觀想佛陀出現在面前虛空，坐在蓮花寶座上。他的身體光耀閃亮，完美無瑕，是你見過最美的東西。刻意如此憶念佛身的輝煌。這個佛身具有重量，光芒四射，充滿愛與智慧的光。他的目光看向你，非常清醒，沒有評判，慈悲而全知。佛陀的智慧放光給你和一切眾生。致力於觀想佛陀，利益就會一直伴隨你。

如此修心，就能日日夜夜見到世間怙主。

當有一天生病或不舒服時，面臨瀕死的痛苦，

那時，你憶念佛陀的念力不會減退，

更不會被痛苦的覺受席捲。

因此，那些以智慧去探求實相者，

了知過去和未來一切現象都是空性，

並且安住於事物的本來如是，

他們樂於修行，永不倦怠。

《三摩地王經》第四章

維持這種觀想，並憶念佛陀大樂本質與自心本質並無分離。這個本性無因無緣，不經由任何人創造出來。

智者通達一切有為與無為法，
並駁斥有因之分別想，
安住於無因之中。
因此他們了知一切現象都是空性的。

《三摩地王經》第四章

第二：觀想的消融

安住於「佛的本質就是自心本質」的認知當中，持續如此觀想佛陀一段時間，然後將他的形相消融於虛空。觀想消融後即放鬆休息，不再聚焦於任何事物，只是單純地休息安住，這就是無有焦點的止禪，或稱作「寂止」。培養出無焦點止禪的安住能力後，就開始了空性的修行。

月光童子，
了悟智慧且證知一切現象本性無實的菩薩摩訶薩，
不會對任何色、聲、香、味、觸、法，心生執著。
他們對這些顯相沒有厭惡，也沒有無明。
這是為什麼？他們並不將這些現象的感知視為真實；
他們不去執實於這些現象。
如此菩薩還會有什麼執著？
有何對境菩薩可以執著？誰在產生執著？
能有什麼厭惡？還能對什麼東西感到厭惡？
誰在產生厭惡？他們有何無明？
能對什麼東西無明？誰在生起無明？
他們對任何現象不著相亦不執實。

《三摩地王經》第八章

安住在穩定的無焦點奢摩他，並問自己這個問題：「是誰在執持著這個見地？」然後，去尋找觀察者在哪裡。觀察者既不在裡面也不在外面。當你找不到觀察者從何處生起時，就放下尋找的企圖，這就是見到心的方法。這種修持法稱作「無相」禪修。

如果以這種方式禪修，無願的狀態就會自然而然地出現，你不會執著於開悟的念頭，也不期待脫離惡趣。沒有希冀，也沒有恐懼。在這個境界裡，空性變得顯明。當你見到空性時，就見到色、聲、香、味、觸皆是空性。見到空性的那一刻，就淨除了欲望，沒有瞋恨也沒有無明。見到空性的那一刻，你看不到任何實體存在的事物。因此，不要攀附。

> **如人身處山林中時，聽見唱歌、大笑、哭喊聲。**
> **雖然你聽到了這些回聲，但你不理會它們。**
> **同樣地，理解一切顯相都是如此。**

《三摩地王經》第九章

第三：座下禪修，一切都是幻相

想像一下，你獨自一人身在山林之中。一切都如此安靜、清晰、新鮮。漫步林間時，可以聽見笑語和哭聲，然而你看不見人影，只有聲音傳來。當你去尋找聲音，想要知道那些聲音從哪裡出現、在哪裡停駐、往哪裡傳去時，卻無法找到任何來源與去向。那些聲音只是沒有根基的聲響。當你去檢視一切現象時，會發現一切現象也都是如此無根亦無基。現在，請你檢視此時此刻的聲音，它們又是從哪裡生起、停駐於哪裡、往哪裡去？

> **月亮在清朗的夜空中升起，**

同時澄澈的湖面也浮現月影，

然而那只是倒影，月亮並沒有掉進水中。

同樣地，請也如此去理解所有現象。

《三摩地王經》第九章

抬頭看向清朗無雲的夜空，可以看到一輪明亮的月亮。在你眼前還有一片湖泊，湖水表面很平靜，沒有一絲漣漪。你看著湖面，又看到了一個月亮。天上的月亮沒有掉到湖裡，你看到的水中月只是倒影。現在請想一想，一切現象的顯現都像這個倒影一樣。思考一下這個譬喻之後，請再看一次種種顯相。也許你之前已經聽過了這個水月之喻，現在不要讓這個譬喻僅僅停留在一個想法上，而是要以此重新審視顯現的一切事物。看看種種顯相，所有一切都如同水中月。

清澈湖水中的月亮倒影

以數數修持禪定所生的慧觀力來觀察，可以見到在世界的表相之中，沒有任何東西真實存在。不用去編造出現象非實體的覺受，也不用將「虛無」披覆到世界上。你以不斷增長的慧觀力去觀看，一切都有如清澈湖水中的月亮倒影。這就是為什麼我們說一切從起始就是空性、寂靜、無垢的。有什麼可以受到染汙？

想要證得三摩地的行者，會以同樣的方式去觀察貪、瞋、痴三毒如何依賴六塵而生起。看到令人愉悅的色相，於是感受到欲望萌生。聽到噪音或聞到異味，就感到憤怒或厭惡。每當遇到色、聲、香、味、觸和法的對境時，就製造了更多業力的延續。如果能看到這些對境事物的虛幻本質，就不會再執著它們，也就不會陷入更深的輪迴。同樣地，當你找不到貪的我、瞋的我或無明的我時，輪迴就會鬆解。這就是三摩地的現起。

月光童子，

菩薩摩訶薩如何證得一切法無實質的根本智慧？

月光童子，菩薩摩訶薩須知一切諸法，

無實、無性、無相、無定義、無生、無滅、

離文字、空性、本自寂靜、自然清淨。

《三摩地王經》第八章

佛陀說，凡是實修止禪的人，都不會讓自心受到擾動。他們會很謹慎並且憶念佛陀。他們會保守行持，他們的智慧不會時隱時現。他們不會放棄佛法，並且總以如法的方式來調伏自心。

真實的本性是空，是寂靜，從起始就毫無垢染。已得到如此了悟，且永遠不與這個了悟分離的人，就稱為佛。見到諸法從起始即自然無染的人，就稱為佛。佛已放下一切極端。

「有」與「無」都是極端，

清淨與不淨也是極端。

因此，放下這兩種極端，

智者甚至也不會停留在中間。

《三摩地王經》第九章

不執著於「看到實相」

我們不能流連於有與無、清淨及不清淨、好與壞等極端，同時也不應該卡在中間，因為中間也是一種立場。持有任何立場時，就會需要與其他立場進行辯證。只要維持立場的緊繃感還存在，就會感受到痛苦。當沒有立場需要捍衛時，於內在不需要處理自我對立，於外在不需要與他人辯論，痛苦就會減少。

空性的證悟中沒有任何概念性想法，沒有任何事物對境可以執著。世界的顯相並不真實成立。這就是三摩地。

有一天，當抱著「為了利益一切眾生而證悟心性」的意圖而禪修時，連「有一個禪修者正在禪修」的微妙妄念也將會完全消解。這就是三摩地。

凡夫不可能生來無懼。然而，凡夫卻可能在此生中透過努力達到無所畏懼的境界。無畏來自無願求，無求則來自於棄除偽裝與自負。一個人可以非常雄辯滔滔地講述佛法，非常精進禪修並不斷觀察心性以求解脫，他可以如此努力修持，同時卻仍充滿我慢。

即使當他們談論四聖諦時，
不成熟的人也會聲稱：「我看到了實相。」
看到實相就不會有傲慢，
勝者說，實相無憍慢。

《三摩地王經》第九章

不成熟的人可能會說：「我已看到實相。」但當他們這麼說時，卻正是在執著實相。實相是沒有執取。如果執著於看到實相，就無法看到實相。有些人自以為了解很多佛法，並以此自豪，但他們從來不持守戒律，最終他們會因為破戒而墮入惡趣。你所聽聞到的佛法並不能拯救你，你所談論的真理也不能拯救你。只有完全安住於無攀緣的境界，三摩地才會出現。

第四：給了悟空間

在禪修中安住，沒有任何執實，
這種沒有任何造作偽裝的狀態，稱為三摩地。

《三摩地王經》第13章

我慢有兩種。第一個與見有關，第二個與行有關。第一種我慢，是持有這樣的想法：「我的觀點比你的觀點優越。」如果有這樣的想法，那個觀點就不可能優越。第二種我慢，是認為自己行為的清淨無染而自我膨脹。如果你自高自傲，就代表尚未圓滿究竟戒律。如果你只是對自己嚴守戒律感到自豪，但不勤於修學，沒有聽聞佛法，那麼你必定會從驕傲的高處跌落下來。這個世界上有很多禪修者，但他們完全不願致力於減少我執，任由負面情緒一再生起。這種修行者不了解無我，也不實修空性。只有修持無我與空性時，才能證得涅槃。

一旦淨除各種我慢，你就會成為世間的心靈妙藥，一個具有無限威德的智慧寶庫。你變得開放、慷慨。遇到無依無靠的人時，你能夠毫不費力地幫助他們。你成為將人們帶到覺醒彼岸的船隻。你成為答案。

答案是什麼？佛法。你成為佛法。你口裡說出的話語是真理實相的泉源。如果沒有了悟，佛法就無法從你發散而出，你無法傳播佛法，話語也缺乏力量。佛法的言語是神聖的，但更神聖的是覺醒者在世間行走時所說出的言語——在宣說出的那一刻，這些話語就完全合於眾生當前所需的情況。

與佛陀的證悟相連接

如果佛沒有證悟，他的口中就無法宣說出佛法。因為佛陀是佛法的根源，所以我們轉向佛陀尋求救怙。如果能與佛陀所散發的證悟相連接，那一刻你就成佛了，一切諸佛都會讚嘆你。禪修時若能連結上佛的了悟，無數諸佛都會給予加持。這是一種壓倒性的感覺。

這種領悟並不是全神貫注的入定狀態。它是無修，是自性的訓練，由供養、觀想、禪修、持戒和正見的助緣而生起。自性就是法身，即佛陀的究竟境界。

能安住於法身的人，
知道一切實體都是無實的。
鬆開對實體的取相感知，
以非色身觀佛。

《三摩地王經》第四章

歸根究底來說，自性的訓練就是安住於如同虛空的法身中，這就是我們所說的無修。無修是棄除所有二元心的運作，比如對錯、好壞。從無焦點禪修中，我們能夠達到無修的能力，安住於自性如是之中。這樣的修持不需要收攝感官。如果禪修時壓制感官的話，就沒有安住於能夠辨別和解析經驗的心當中。讓感官完全敞開，並自然維持不攀緣，所顯現的一切事物就都成為法身的莊嚴。大多數時候，我們雖然仍然經歷著輪迴，但如此修持之時，心本身就是光明。

月光童子，佛的功德無盡，
不可思議，不可思量，不可想像，無量無邊。
為什麼呢？月光童子，心性無形、無法定義。
月光童子，此心性即是佛的功德本質。
佛功德的本質就是如來的本質。
如來的本質就是一切現象的本質。

《三摩地王經》第12章

《聖臨終智大乘經》說，了悟自心本性的時候，就是智慧。不要到其他地方尋求佛。當你了悟心性空性的時候，那就是了知佛的時刻，就是臻得與釋迦牟尼佛無可分別的覺醒境界，也是一切現象的本質。這樣的禪修能夠消除執著、解脫瞋恨、遠離無明。當你開始以這種方式禪修時，就超越了無明和輪迴流轉的根源。每個人天生就具有這種智慧，只要單純讓它開展出來就好。

聚合所有證悟空性的助緣

我必須再說一遍，為了修習這種甚深的無修，必須齊備許多因緣條件。如果只是盲目地試圖禪坐並安住心性，就好像把自己扔去撞一堵無形的牆，沒有辦法達到想要的修持結果。佛陀在《三摩地王經》中教導我們如何善加聚集證悟空性的助緣。因此，請讓所有助緣聚合起來，將心置於佛陀的身相上，然後消融這個形相，安住於無焦點的止禪中。當你毫不費力地看到心性時，那就是法身大印，偉大的了悟。

> **心安住於禪修之果位，**
> **具有相同的性相、名稱、色相，**
> **清淨而光明。**

《三摩地王經》第18章

[實修引導]

勝利的覺醒禪修

✲ 以觀想佛陀來培養止禪

一、觀想佛陀的形貌，保持清晰穩定。佛陀身相金色，充滿愛與智慧，他以超越世俗概念的目光注視著你。感受佛陀的現前和他所給予的無盡加持。

二、將觀想融入虛空，佛陀的身形漸漸變小，直到完全消失。

三、安住於寂止當中，無焦點，不聚焦於任何事物。

四、如此努力修習，直到培養出穩定、無焦點的止禪。這需要花很多座的時間練習。一旦如此建立了穩定性後，就能開始進行與自性之佛（natural buddha）建立連結，如以下解說。

✲ 與自性佛連結

如上所述，繼續觀想和憶念佛陀的智慧。提醒自己佛陀就在面前，時時刻刻都在，從未與自心本性分離。接著，佛陀慢慢縮小，但他沒有融入虛空，而是融入光，之後融入你。然後，安住於知道自己與佛性永不分離的狀態。

在這種安住狀態下觀修：

一、無論心中生起什麼念頭，本質都是空的。

二、連在觀察的那個覺知，也是空的。

三、安住，不要試圖抓取什麼。

透過以下方式使你的修持增上：

- 供養佛、法、僧。
- 持續不斷地觀修佛陀，直到了知自己與佛不分離的超凡尊嚴油然而生。
- 透過法道上各方面的修行訓練來培養慈悲心。

第11章

智慧：不可思議的佛

具有淨觀的人，
能觀身體的每一部分都是佛，
所看到的一切都是佛。

一根頭髮的表面，住著五道眾生：
地獄眾生、畜生眾生、餓鬼眾生、天人、人界眾生，
他們互無交集，不相干涉。
他們的世界裡有湖泊、海洋、河流、池塘和泉水——
這些水體也不相互混合或干擾。
佛法就是這樣不可思議。

《三摩地王經》第19章

第一：現象是清淨且無限的

許多湖泊與海洋存在於一根頭髮中而不相觸，在虛空的每一個可想的微塵之中都有冷熱地獄，有數千眾生享受天人至樂，千萬佛國中有眾生修習禪定而證悟，得到無有障蔽的智慧。諸佛國土中也有聖者說法、安住，他們似乎出現又似乎消失。那裡不是只有一佛，而是有無量諸佛。如果沒有出世間的勝義智慧，無法看見這樣的世界。

一毛表面有恒河沙數佛，
這些諸佛勝者也擁有同樣多淨土，
具有各種類型和特徵。

《三摩地王經》第18章

具有淨觀的人，能觀身體的每一部分都是佛，所看到的一切都是佛。有時，對修持淨觀不了解的人會質疑這個方法的有效性和出處。佛陀在《三摩地王經》中的闡述，為開始修習淨觀的方法奠定基礎。

正如佛陀的覺醒一樣，其功德也是如此。

正如其功德一樣，其身相也是如此。
佛的淨土亦如同其身相、覺醒、功德，
甚或其諸力、解脫、禪定也都是同樣的性相。

《三摩地王經》第18章

如同天鵝降落在平靜的湖面上

一切佛的證悟、身相與淨土都具有相同的本質，這個本質和我們經驗中出現與存在的一切事物是一樣的。自身經驗中的一切，最終都將會變得清淨，認識到這一點時，我們就能夠發起無畏的大願。

在修持的道路上，應當發願自己有一天能深入地獄，為地獄眾生傳授解脫痛苦的神聖佛法。印度佛教大師寂天菩薩說，菩薩入地獄如同天鵝降落在平靜的湖面上。我們應該發願去實行這樣的佛行事業，因為菩薩即便進入地獄，他所看到的地獄顯相也是清淨的。

了知一切現象都是虛幻，
猶如天空本然空，知其本質亦是如此。
修習此法，你將不會執著於任何事物，
而能以超然的智慧利益世間，
儘管仍活在這個俗世中，
你將能實現無上的證悟事業。

《三摩地王經》第11章

佛法裡有一個傳統故事說到五個盲人，他們試圖以觸摸大象來理解大象長的是什麼模樣。第一個人握著象鼻，他說大象是長條形的。第二個人握著尾巴，他說大象細細小小。另一個人用手摸著象肚，他說大象圓而粗糙。他們都試圖描述大象，但每個人都只觸碰到這隻大型動物的一小部分。

佛法也是像這樣，試圖對未曾見佛的眾生表達佛的本質，有一說是佛即空性，有一說是佛即無我，有一說是佛即淨觀。然而，佛到底是什麼？種種描述都試圖傳達佛的本質。佛是法性，是超越理智了解和描述的實相本質。法性的不可思議，並不妨礙種種法教表述。佛既超越法教，又與法教密不可分。

第二：色相和覺醒並不是分開的

> **色相和覺醒是同等的，**
> **你會發現沒有什麼可以區分這二者。**
> **即使你使用深奧的言語去解釋涅槃，**
> **也不會找到它，連它的名字也找不到。**
> **涅槃本身和它的名稱，兩者都找不到。**
> **因此，一切空相都是涅槃。**

《三摩地王經》第25章

我們無法說有一個脫離色相的覺醒。所有事物的產生都依賴於所有其他事物。你不能說橘子是它自己獨立存在的實體。橘子是種子、土壤、水、陽光和風相遇與聚合的結果。要感知到一顆橘子，首先依賴許多人的勞動，讓橘子生長成為眼前的這個樣子，這個過程需要無數元素結合在一起，感知到這個橘子還依賴一雙能夠感知的眼睛、被感知的對境，以及意識。

當你仔細審視任何事物的顯相時，勝義諦的究竟真理就在那裡。沒有任何事物能夠獨立於其他事物而存在。龍樹菩薩說，正因為一切皆是空性，所以一切都有可能，任何屬於有為法的事物，自然都沒有獨立、不變的存在。

一切現象都是本尊，這是金剛乘的教導。當你聽到這樣的法教時，可能會產生疑問。那些不淨的顯相怎麼可能是本尊？但如果我們了解大乘佛教「一切都是因緣和合而空無自性」的觀點，就可以進一步了解一切都是本然證悟的。透過累積福德和智慧，就可以如此了悟，並因此獲得廣大而靈活的能力，去看到自己想要看到的任何東西。

任意觀想不是善巧之法

觀想一尊「可想像」的佛，可以幫助我們跳躍到「超越思維」的佛，他與一切色相的本質一樣顯明。一些新時代的人會認為，這樣的邏輯是指他們可以想像任何東西，並稱之為佛，或者認為他們可以自由觀想出一尊身穿三件式西裝的釋迦牟尼佛，為一切眾生說法。

一方面來說，你當然可以這麼做，因為一切顯相都是佛性的反映，所以你可以說自己觀想的任何事物，也都是佛的反映。問題是：這樣的觀想實際上會帶來證悟，還是只是製造更多概念？

觀想釋迦牟尼佛穿著三件式西裝，是否能像觀想身穿法衣袈裟、閃耀智慧光芒的佛陀一樣，幫助你連結上覺者的功德？如果不能的話，任意觀想只是在舒展個人的自由意志，這樣其實是自我放縱和不善巧的。

學習佛法是要了解自心本質，而不是要玩弄心理潛能。我們常喜歡照著自己的方法去做事，這樣實際上是濫用心的潛力。修行的重心總是要回到真誠、發展心的堪能、利益他人等等重點。

佛陀的身相外貌具有強大的象徵力量，可以幫助觀修者證得究竟法身佛。當禪修者進步至更高階的觀想修持時，會更加了解這一點。觀想佛陀手持平板電腦，並不能像觀想他手持盛滿甘露的缽那樣，具有能夠通達智慧的力量。佛陀傳統身相的種種相好都具有象徵力量，它們對應於覺醒心當中的各項品質。

獲得信心是一切探究的目的

開始進入概念理解的領域，來表達「顯相即空性」的道理時，我們就必定會涉入理智探究的諸多角度。諸如「如果顯相無常，那麼佛是否無常」之類的疑問，是寺院中經常辯論的課題。

越能透過研討而切中這些問題的意義時，對佛的理解就越會加清楚。世俗諦上的認識越清晰，就更容易接近究竟勝義諦不可思議的佛陀。然而，請記住一切探究的目的，僅是為了獲得信心，以完全超越所有概念戲論。

從另一個角度來看的話，色相與佛陀本質上是一樣的，只是表現方式不同。你現在所看到的一切，都是相對的世俗諦顯現，而心性所見即是心性。當你說「右」時，似乎就排除了「左」，反之亦然。但實際上，「左」和「右」密不可分，它們哪一個會先出現？「右」的概念會在「左」的概念之前出現嗎？這些概念其實同時出現，因為它們相互依存。

同樣地，如果你想了解色相與證悟本性，是如何不可分離的，就需要了解自己是如何執著於色相，或是如何執著於空性的微妙概念。對色相和空性兩者的執著，都同樣是執著。對概念的執著使我們無法理解超越分別念的無二。想要見到與色相無二的佛，就必須讓分別念自然崩解。

菩薩摩訶薩若具有一種認知，
就會得到一些功德特質，
讓他能夠迅速圓滿成就無上正等正覺。
這種認知是什麼呢？
月光童子，這就是菩薩摩訶薩對一切現象本質的認知。
月光童子，菩薩摩訶薩如何能知道一切現象的本質？
月光童子，菩薩摩訶薩知道現象的名稱不存在，
現象沒有名稱。
一切諸法無聲、無語、無字、無生、無滅。
現象的因不是它們的特性，現象的緣也不是它們的特性。
現象的定義是孤立的。它們的獨特性相在於沒有性相。
它們沒有性相，無可想像、無可思維、超越心念。

《三摩地王經》第11章

第三：停止批判

練習暫停判斷時，就會減少執著，讓二元心不再僵化死板。目前我們正經歷著無盡的二元分別，這種二元分立的心無法領悟色空不二。非二元的覺受只有在非二元的心生起時才會開展。無論如何費力去思索什麼是非二元，都是沒有用的，除非走上一條完全終結分別念運作的道路，否則無法體驗到無二。

證悟無二的智慧，才能真實地修習六波羅蜜。有了勝慧，才會知道如何布施，並在施予的過程中無有執著。有了智慧，就永遠不

會與戒律脫軌，不擇取也不拒斥。有了勝慧，就會有不間斷的安忍，但不會執著眾生。有了勝慧，就會有強大的修行動力，但身心上卻不會執取自我中心的成就。具勝慧的禪修，是持續禪修但沒有正在禪修的概念。

如是修行時，障礙就無法撼動你絲毫，懷疑者的質問也不會讓你對自己的見地起疑。你會具有大悲心，而不會受那些只希求得證「人無我」而不求證悟「法無我」的人影響，進而被他們的狹隘目標所誘惑。當你將勝慧帶入六波羅蜜修行時，就獲得了佛陀勝者的三摩地。透過這個三摩地，你將證得四無礙智。

> **菩薩摩訶薩如是思維：**
> **我願盡一切辦法，證得四無礙智。**
> **這四無礙智是什麼？**
> **它們是四種覺智，**
> **能夠無礙通達諸法、義理、言詞和辯才。**

《三摩地王經》第24章

深入瞭解五蘊本質

佛陀被稱頌為「全知者」，但我們對此常常會持懷疑態度。這裡所說的全知，並不意味佛陀知道如何榨蔓越莓汁。全知意味著他已了悟一切可能生起事物的本質，他已了悟過去曾經出現和未來將會出現所有眾生的本質。這是為什麼稱佛為全知。佛會不會榨果汁實在無關緊要。蔓越莓汁不能解決我們的問題。

了解色蘊、受蘊、想蘊、行蘊、識蘊五者在世俗諦上的功能後，就會擁有正知解。每個人都擁有五蘊。因此，如果你了解自己的五蘊如何運作，就會知道別人的五蘊如何運作，而能夠正確地辨解現象。了解五蘊如何運作後，就可以更進一步去深入了解它們的本質。如果你了解五蘊的本質，就能正確地了解它們的意義。當你能準確地解釋真實義時，你的話語就被稱為「真實語」。

結合對諸法的妙觀察（法無礙智）、對義理的理解（義無礙智）以及說真實語（詞無礙智）這三者，就能產生「信心」。你充滿信心，相信自己具有理解與流暢表達佛法以及能夠知道聽者已經理解的能力，這個時候你就能無礙宣說佛法（辯無礙智）。只有徹底證悟的佛才具備四無礙智的圓滿力量，覺智會從毫無遮障的佛性中顯現出來。菩薩們為了獲得這種覺智，應不斷修習殊勝大三摩地。

因緣聚合的現象有多少過患，
對涅槃的讚嘆就有那麼多。

《三摩地王經》第24章

第四：記住佛陀是法身

輪迴是由無盡的「行」（遷流、造作）所組合而成。這些無常的「行」總是被執著所染汙，因此伴隨著痛苦。它們無邊無際，眾生能否了解它們的範圍？對於正在展開的一切事物，輪迴眾生能否測量它們的廣大規模？不僅是要測度這個世界，還要理解包含無數世界的浩瀚宇宙。這無窮無盡的一切當然沒有辦法被測度。

當我們意識到自己無法測度理解一切時，就會明白涅槃是多麼不可思議，它征服了輪迴的一切現象，所以超越了一切現象。我們可以由此體會到覺醒狀態的不可思議。

切莫以色身來思忖究竟的佛。究竟的佛是無性相的「法身」，它是實相之身，不可測量、不動——就像虛空一樣。無論苦樂，法身都不會改變。法身即是空性。欲聽聞佛陀智慧言教的眾生，應當知道佛的智慧超越語言。渴望成佛的人，必須了解佛陀甚至超越這種渴望。

你我在觀看佛像時可能會看到相似的外觀。我們都可以談論佛陀頂上的頂髻，或是他的金色身相，但每個人所看到的特徵不會是一模一樣的。我們都是活在這個特定時空的人類，因此我們彼此具有強大的業力交織，基於相似的因緣制約力量，使我們眼中的顯相具有相似性，但法教從未說過每個人看到的是相同的東西。佛陀並沒有客觀的色相。

> **要了解如來身體的性相和行動並不容易。**
> **他可以是藍色或黃色的。**

《三摩地王經》第18章

雖然人類對佛陀的形象幾乎有相似的感知，但完全相同的感知是不可能的。因此，色身是法身的投射，並根據各個眾生的業力而顯現。如經中所說：

> **月光童子，所以如來身清淨，**
> **不能試圖以不清淨的性相來揣測他。**
> **如來是不可思議的，**
> **不能以任何方式來決定他的性相。**

《三摩地王經》第18章

在基礎乘的法教中，我們可以找到佛陀的標準外貌。這個樣貌是對佛陀的有限認知，不包括對色身和法身的了解。大乘佛法的見地稍有擴展，金剛乘則是完全揭示。我們看見佛有無數形貌，形狀各異，有的甚至長著豬頭。為什麼會這樣？豬的外形也是本質的體現，所以在究竟上也是佛。

[實修引導]

接近不可思議

✽ 色身練習

一、觀想佛陀在你面前，如前面提到禪修的那一章所描述的方法。提醒自己一切顯相都與佛陀不分離，以此來增強自己的理解。有意識地融合一切事物，直至一切事物與眼前的佛陀形象觀想不可分割。

二、然後，理解到佛陀與你周圍的一切現象並不分離。將佛陀身相的本質向外擴展至一切顯相。

三、提醒自己所有現象都與佛陀密不可分，以及佛陀遍及一切現象。

✽ 法身練習

- 從觀想佛陀的色身修持開始。保持著佛陀身相的觀想，並在頃刻間化一切為法身本性，也就是空性本質。無需特意去消融佛陀，或運用任何概念性的想法去消除法身與色身之間的差距。

- 這種修持很困難，需要很長時間發展。修持的成果是你將得到自信、再無懷疑，得到了知心性本已證悟的尊嚴。無有懷疑，就是確切地知道該做什麼。有信心就是享受並信任自己的修行。當信心轉化為覺受時，具內在力量的威德就會隨之而來。

- 當六波羅蜜與佛不離時，你就知道自己已經獲得了慧見。當你向街上的某人布施金錢時，你不會執著於他是一個獨立於任何事物而單獨存在的實體，並體驗到一切事物本質是不可分割的。

第12章 覺醒寶藏

三摩地是智慧的湧流，
其中有佛、法、智慧，
以及了知三時等四種寶藏。

第一：覺醒豐盛

當佛陀來到門前時，
所有人都擺脫了飢渴。
當佛陀來到門前時，
所有闇盲、聾啞、無助、福德淺薄的人，
都獲得了眼和耳。
當佛陀來到門前時，
那些以黏液唾沫為食而受苦的惡道餓鬼，
被光拂煦，獲得緩解。
當佛陀來到門前時，
崖頂、山峰和一切珍貴的娑羅樹、迦尼迦樹等，
都向佛頂禮。

《三摩地王經》第10章

有一種說法認為佛陀沒有神力，佛可以教導佛法，但我們必須自己實踐修持。這是早期佛教的觀點。大乘佛教有不同的看法，認為佛具有不可思議的功德大力，具有利益眾生的攝受力量。

當意識（consciousness）從一切桎梏中解脫出來時，就能看到心的本質。在見到心性的那一剎那，智慧生起。這裡的智慧不是世俗上的知解，智慧是最強大的，能在所有活動中帶來完全的自由。當三摩地的禪定境界提高，最終臻至圓滿時，就可以到達無量清淨佛國，親見如海諸佛。這是一種完全超越一般理解的潛力。那些深陷語言、文化制約的人會批評這個潛力，他們其實就是那些深陷輪迴的人，他們無法發揮這種潛力。當我們學習和修行得越多，就越能與這種證悟潛能聯繫起來，不是出於盲目信仰，而是

透過了解佛陀實際上是什麼，來連結上證悟的力量。

佛身沒有單一的形相。佛根據眾生的需要，出於慈悲而顯現。佛陀沒有性別，儘管在特定時候可以將佛陀的外相稱為「他」或「她」。佛陀不是男人或女人，沒有特定的顏色或大小，並且也不住於某一特定方向。佛陀在相對經驗世界中的顯相，取決於各個有情眾生的因緣和需要。

據說，若想了解身（kayas）也就是佛身，必須修習最勝三摩地。修持這種禪定的人，可以了解到佛身三十二相與八十種好，其實正等同於無上正覺。在金剛乘中，我們講五身、五語、五心、五智、五功德和五事業。談到五功德時，有時我們會提到佛陀所安坐的本尊寶座。這種特質、這個寶座，本初即存在於清淨的本性之中。

如果能保持對空性的了悟，就等於保任佛陀的一切大力和功德特質。哪裡有佛，哪裡就有佛土，佛土與心性無二無別。如果保持這種了悟，清淨的慈悲就會向外照耀到一切有情眾生。

第二：持守三摩地寶藏

> **身披勝法鎧甲，大力勇猛者，**
> **被空性之勝義金剛杵所摧破，**
> **並以此行摧滅。**

《三摩地王經》第33章

能保任於心性的人就像無價珍寶。我的上師祖古烏金仁波切告訴我，在純正的三摩地中安住一秒鐘，比向諸佛菩薩行無數供養所產生的福德還要多。

凡持有無與倫比、無垢無染三摩地者，
猶如擁有諸佛無邊財富，廣大智慧海洋。

《三摩地王經》第37章

《三摩地王經》說，具有甚深三摩地的菩薩，她的第一個功德特質是不能被超越，她的光芒不會被更耀眼的光遮蔽，就像太陽，也像群星之間的盈月。持此三摩地者的第二項功德特質是不受動搖，任何人前來挑戰，都無法駁倒她，因為她具有無上的慧力。第三個功德特質是無量智慧，她可以善巧地回答任何問題。我最喜歡特質的是第四項，也就是她的自信與尊嚴無可撼動。

三摩地不僅是一顆穩定的心。三摩地是智慧的湧流，其中有佛、法、智慧和了知三時（過去、現在、未來）四種寶藏。

第一個寶藏是佛寶，包括天眼通、天耳通、他心通，對前世與來世了解的宿命通，和對諸神通力的掌握。

法寶是能夠在任何空間聽聞一切法。具有這種能力的人，感受力極其敏銳，聽力超凡，他們能夠聽聞響徹十方的佛法，且從不遠離佛法。

智慧的寶藏就是大智慧。擁有此智慧寶藏的人能通達一切，從不「忘失」，能夠教導他人，並能正確了知一切佛法的意義。

知三時寶是能了解過去、現在、未來眾生的心與行持。

當一個人擁有這四種寶藏時，利益他人的佛行事業就變得無限。如果你精進持戒，精進修行與聽聞經法，你就一定能獲得這些寶藏。當你以身、語、意實踐《三摩地王經》這部經的意義時，你就會生起覺醒的威德。任何行為都無法與決心持守《三摩地王經》中即使只是一行經句的利益相提並論。佛陀在《三摩地王經》根本頌已經宣說了這一切。所以我們要對值遇佛法感到幸運，修行積聚福德與迴向，並堅定持守經典深意。如此修持之後，你就會獲得信心。

[實修引導]

用佛之寶藏激勵自己

透過憶念佛陀的功德來激勵自己。對自己說：「我必須修行。」觀修以上提到的所有證悟功德，都是圓滿且俱生於覺醒的自性中。這種了悟就是三摩地。請觀想自心完全清淨、覺醒的佛性。

第13章 奉持佛法

記住《三摩地王經》這部經所闡述的要點，
不放棄自己的誓言，
好好修行並善守行持。

佛出現在這個世界上是極罕見的，
投生為人的機會是很稀少的，
能對法教、出離心和戒法生起虔信，也是罕有的。
凡是為覺醒心迴向的人，
都會讓我們的導師很歡喜。

《三摩地王經》第25章

出生在有佛出世的地方極為困難。相較於龐大數量的無數昆蟲、動物和無形眾生，能得到人身是非常稀罕的。得到人身並真誠修行佛法，就顯得更為難得。尤其珍貴的是將所累積的善德，迴向給獲得證悟。因此我們非常幸運，應該感恩於自己所擁有的廣大福德，並且知道這些無常的因緣非常可貴。

如果我們能憶念修行的機會多麼珍貴，如此迴向自己的一切善德，諸佛就會感到高興。請記住《三摩地王經》這部經所闡述的要點，不放棄自己的誓言，好好修行並善守行持。儘管迴向常常是放在修持最後，或是在累積福德之後進行，但如果能一直保持迴向的精神，可以帶領我們在修行道路上長遠前進。

四種布施

佛陀說，凡受持《三摩地王經》者皆得大威嚴。佛陀說，只要聽聞這部經典中的四句經文，所累積的功德不可言喻。佛陀又說，修行此經哪怕一行，功德都勝過恭敬供養無數聖者。因此，我們應該盡可能地持守此經法教，並以四種方式迴向布施。

菩薩摩訶薩以四種方式迴向布施。
是哪四種方式？

願我生起布施善根，
以便獲得善巧方便，
使受加持者證得無上正等正覺。
這是第一種迴向。
願我生起布施善根，
讓我在學習、記誦、解悟、閱讀與持守法教時，
常有上師指引，幫助我成就無上、正等、圓滿的覺悟。
在上師的指導下，
願我持續修持上師所授的善巧方便教導。
這是第二種迴向。
願我生起布施善根，
以便獲得能夠滋養整個世界的財富。
這是第三種迴向。
願我生起布施善根，
使我今生成就，使此身成為兩種利益的源泉，
以佛法和資財來幫助眾生。
這是第四種迴向。

《三摩地王經》第35章

殊勝的修行者在完成修行或布施後，會作四種迴向。首先，他們將自己的福德迴向，願能修習導向證悟的方法。透過這種方式的迴向，播下未來學習佛法的種子，並將修行的動能轉向獲得三摩地。

第二點是我認為特別重要的，菩薩發願有一位永遠引導並護佑他們的具格導師，教導他們正確修行，引領正道。

第三，他們迴向並發願獲得正命，得到實際的正當職業和物資支持，以便更容易修行，也就是希望得到來源正當的資金和資源支持。這項迴向也是很必要的。

第四種迴向是發願能夠實行財布施和法布施。這個迴向顯示釋迦牟尼佛的佛法與世間法並不衝突。

以佛法供養眾生

有些人以一些無稽之談來批評佛教徒，例如說佛法修行只為開悟，不關心別人。這種想法是完全錯誤的。如果沒有發願希望成為利益他人的正向力量，就不可能獲得徹底的證悟。我們的關懷之心朝向外在的其他眾生，我們菩提心廣闊地懷抱所有眾生，這是修行道路的核心。供養眾生佛法，能引導眾生行善，也為崇高的社會播下種子。

> **凡有學問的人說法，**
> **常依止諸聖眾之法。**
> **其國土也會變得清淨賢善，**
> **有利於覺醒的條件將會蓬勃發展。**

《三摩地王經》第29章

想像你是一個很好的修持者。你具有清淨發心並且已生起菩提心，所以見一切眾生平等，你期望把實相供養給一切眾生。如果想將佛法帶給眾生，自身必須安住於佛法中，不住於佛法就無法傳承佛法。當你真正開始從佛法出發供養佛法時，一切都會轉化為清淨。接受你供養的人、你自己和所有的認知——一切都變得清淨。但請記住，要真正供養佛法，你必須禮敬上師，減少驕傲。這樣就奠定了一個基礎，可以開始透過教導佛法來利益他人。

向老師表達敬意，從根本上消除驕傲，
這就是勝利怙主的教導。
他們的心只被善行所趨動；
他們已經證知智慧。
他們常捨棄無明諸習氣，
教導無上覺醒法。

《三摩地王經》第14章

透過這樣行持，你將開始累積很多福德。例如，有些老師告訴我，教導他人比起獨自修持，會得到更大的進步。我相信的確是這樣的，因為傳授佛法時，需要有強烈的發心，引導自己以清淨的心來弘揚佛法。當一個人清淨地供養佛法時，強大的功德就會生起。

月光童子，當知菩薩摩訶薩，
領受、理解、持守、讀誦、講解、吟唱與廣說三摩地，
能夠得到四功德。這四個功德是什麼？
他們的福德無可比擬，他們的怨敵無法擊倒他們，
他們的智慧無量，他們的信心無限。

《三摩地王經》第18章

供養甚深佛法，能滅除痛苦

這世界上當然也存在不具格的虛假老師。也許會有人試圖向他人宣講佛法，但自己卻沒有真正持守佛法。佛陀曾預言，尤其在我們現在這個時代，到處可以看見這種虛偽的情況。

他們以我佛法之名，為維持生計而出家。
這些人被利益和稱譽所宰制，互相毀謗。

《三摩地王經》第18章

現在我要討論的是那些充滿菩提心的賢善者，熱愛佛法和慈悲滿懷的人。如果你是這樣的人，勤修正法且有能力傳法，你就擁有了非常寶貴的禮物。供養佛法的人能夠增上自己的開悟功德。對於傳法者和受法者來說，佛法都是真正的利益。供養甚深佛法，能滅除痛苦。

想要迅速證得無上正等正覺之菩薩摩訶薩，
希望度一切眾生出輪迴海的菩薩們，
應當聽受此《圓示一切法平等性三摩地王經》，
此經為諸佛所讚嘆，是一切如來之母。
須領受、持守、理解、閱讀、
持誦、講解、吟唱，
並以離於煩惱之禪修長養之。

《三摩地王經》第九章

佛為醫師，法為藥方

我們很多人都知道這句俗諺：「送人一條魚，只能緩解他一日的飢餓。教人釣魚，能解決他一生的飢餓。」賦予某人透過知識成長的能力，好過讓他們日復一日為了謀生而奔忙。同樣的，布施金錢和物質雖然是一件好事，但只能幫助人們一段很短的時間。如果懷著清淨的動機，給予某人佛法知識，那麼這種知見將一直伴隨著這個人，直到他們開悟。布施佛法能夠利益無量眾生。給予邁向證悟的知識，比你所能給予的任何東西都更偉大。在你傳授佛陀的話語時，等同傳授了一切善法的根源。

佛陀的言教總是能夠消除煩惱。
能讓人生起歡喜而無貪愛，
能生慈心而無瞋恚，
能生智慧而無無明。
佛陀的言教能清除一切煩惱。

《三摩地王經》第14章

教導《三摩地王經》，等同給予人們擺脫輪迴疾苦的方法，也給予他們擺脫世間無數疾病的能力。如今，科學家們正在研究禪修對身體的細胞、神經和荷爾蒙系統的益處。兩千多年前，佛陀就已經將禪修描述為可以減輕所有暫時和究竟疾病的方法之一。佛陀是眾生的醫生，他的法教是療藥，持法的聖者就像護士和照顧者，療養你的疾病並導向健康。這三個珍寶所提供的庇護是如此真實不虛。

我們生活在如海般無量有情眾生中，我們來去、說話、坐臥、喝咖啡、開車、愛著和哭著，因此，必須努力在此遷變不息的心之廣境中持守住三摩地。如果能夠堅持精進對實相的解悟、培養慈悲、施行供養、正確行持與禪修，渴求無上智慧，我們會發現親見佛陀是沒有困難的。如果能以謙卑、威德尊嚴和正見來持守佛法，我們就會像月光童子一樣閃耀。

迴向

這是最簡單的迴向方式：

願正法的聖殿弘揚昌盛！

願無量眾生福樂安康！

願輪迴與三惡趣完全空滅！

願諸魔得平息調伏！

願我能滿足安住於各個地之上一切菩薩的願望！

縱使天空跟著月亮和星星一起墜落，
大地和群山、城鎮一起崩塌，
外在虛空顯相千變萬化，
但您從未說過任何不實語。

《三摩地王經》第13章

經典開示 37

禪定之王──《三摩地王經》精要釋論

In the Footsteps of Bodhisattvas: Buddhist Teachings on the Essence of Meditation

作　　者　帕秋仁波切
譯　　者　許瑜芳
審　　定　蔡宜葳
彩頁攝影　殷裕翔
發 行 人　孫春華
社　　長　妙融法師
總 編 輯　黃靖雅
執行主編　陳韻如
版面構成　張淑珍
封面設計　阿力
發行印務　黃新創

國家圖書館出版品預行編目(CIP)資料

禪定之王：《三摩地王經》精要釋論/帕秋仁波切作；許瑜芳英譯中. -- 初版. -- 新北市：眾生文化出版有限公司, 2024.09
面；17 X 22 公分. -- (經典開示；37)
譯自：In the footsteps of Bodhisattvas：Buddhist teachings on the essence of meditation
ISBN 978-626-98176-7-2(平裝)

1.藏傳佛教 2.佛教修持

226.965　　113011450

台灣發行　眾生文化出版有限公司
地址：220 新北市板橋區四川路二段16巷3號6樓
電話：886-2- 89671025　傳真：886-2- 89671069
劃撥帳號：16941166　戶名：眾生文化出版有限公司
電子信箱：hy.chung.shen@gmail.com　網址：www.hwayue.org.tw

台灣總經銷　紅螞蟻圖書有限公司
地址：114台北市內湖區舊宗路二段121巷19號
電話：886-2-2795-3656　傳真：886-2-2795-4100
電子信箱：red0511@ms51.hinet.net

香港經銷點　佛哲書舍
地址：九龍旺角洗衣街185號地下
電話：852-2391-8143　傳真：852-2391-1002
電子信箱：bumw2001@yahoo.com.hk

印　　刷　博創印藝文化事業有限公司
初版一刷　2024年9月
定　　價　350 元
I S B N　978-626-98176-7-2（平裝）

眾生文化出版書目

噶瑪巴教言系列			
1	報告法王：我做四加行	作者：第十七世大寶法王 鄔金欽列多傑	300 元
2	法王教你做菩薩	作者：第十七世大寶法王 鄔金欽列多傑	320 元
3	就在當下	作者：第十七世大寶法王 鄔金欽列多傑	500 元
4	因為你，我在這裡	作者：第一世噶瑪巴 杜松虔巴	350 元
5	千年一願	作者： 米克．布朗	360 元
6	愛的六字真言	作者： 第 15 世噶瑪巴．卡恰多傑、第 17 世噶瑪巴．鄔金欽列多傑、第 1 世蔣貢康楚仁波切	350 元
7	崇高之心	作者：第十七世大寶法王 鄔金欽列多傑	390 元
8	深藏的幸福：回憶第十六世大寶法王	作者：諾瑪李維	399 元
9	吉祥如意每一天	作者：第十七世大寶法王 鄔金欽列多傑	280 元
10	妙法抄經本__心經、三十五佛懺悔文、拔濟苦難陀羅尼經	作者：第十七世大寶法王 鄔金欽列多傑	300 元
11	慈悲喜捨每一天	作者：第十七世大寶法王 鄔金欽列多傑	280 元
12	上師之師：歷代大寶法王噶瑪巴的轉世傳奇	講述：堪布卡塔仁波切	499 元
13	見即解脫	作者：報恩	360 元
14	妙法抄經本__普賢行願品	作者：第十七世大寶法王 鄔金欽列多傑	399 元
15	師心我心無分別	作者：第十七世大寶法王 鄔金欽列多傑	280 元
16	法王說不動佛	作者：第十七世大寶法王 鄔金欽列多傑	340 元
17	為什麼不這樣想？	作者：第十七世大寶法王 鄔金欽列多傑	380 元
18	法王說慈悲	作者：第十七世大寶法王 鄔金欽列多傑	380 元
講經系列			
1	法王說心經	作者：第十七世大寶法王 鄔金欽列多傑	390 元
經典開示系列			
1	大願王：華嚴經普賢行願品釋論	作者：堪布 竹清嘉措仁波切	360 元
2	大手印大圓滿雙運	原典：噶瑪恰美仁波切 、釋論：堪布 卡塔仁波切	380 元
3	恆河大手印	原典：帝洛巴尊者、釋論：第十世桑傑年巴仁波切	380 元
4	放空	作者：堪布 慈囊仁波切	330 元
5	乾乾淨淨向前走	作者：堪布 卡塔仁波切	340 元
6	修心	作者：林谷祖古仁波切	330 元
8	除無明闇	原典：噶瑪巴旺秋多傑、講述：堪布 卡塔仁波切	340 元
9	恰美山居法 1	作者：噶瑪恰美仁波切、講述：堪布卡塔仁波切	420 元
10	薩惹哈道歌	根本頌：薩惹哈尊者、釋論：堪千 慈囊仁波切	380 元
12	恰美山居法 2	作者：噶瑪恰美仁波切、講述：堪布卡塔仁波切	430 元
13	恰美山居法 3	作者：噶瑪恰美仁波切、講述：堪布卡塔仁波切	450 元
14	赤裸直觀當下心	作者：第 37 世直貢澈贊法王	340 元
15	直指明光心	作者：堪布 竹清嘉措仁波切	420 元

17	恰美山居法 4	作者：噶瑪恰美仁波切、講述：堪布卡塔仁波切	440 元
18	願惑顯智：岡波巴大師大手印心要	作者：岡波巴大師、釋論：林谷祖谷仁波切	420 元
19	仁波切說二諦	原典：蔣貢康楚羅卓泰耶、釋論：堪布 竹清嘉措仁波切	360 元
20	沒事，我有定心丸	作者：邱陽・創巴仁波切	460 元
21	恰美山居法 5	作者：噶瑪恰美仁波切、講述：堪布卡塔仁波切	430 元
22	真好，我能放鬆了	作者：邱陽・創巴仁波切	430 元
23	就是這樣： 《了義大手印祈願文》釋論	原典：第三世大寶法王噶瑪巴 讓炯多傑、 釋論：國師嘉察仁波切	360 元
24	不枉女身： 佛經中，這些女人是這樣開悟的	作者： 了覺法師、了塵法師	480 元
25	痛快，我有智慧劍	作者：邱陽・創巴仁波切	430 元
26	心心相印，就是這個！ 《恆河大手印》心要指引	作者：噶千仁波切	380 元
27	不怕，我有菩提心	作者：邱陽・創巴仁波切	390 元
28	恰美山居法 6	作者：噶瑪恰美仁波切、講述：堪布卡塔仁波切	430 元
29	如是，我能見真實	作者：邱陽・創巴仁波切	470 元
30	簡單，我有平常心	作者：邱陽・創巴仁波切	430 元
31	圓滿，我來到起點	作者：邱陽・創巴仁波切	390 元
32	國王之歌：薩惹哈尊者談大手印禪修	原典：薩惹哈尊者、釋論：堪千創古仁波切	390 元
33	那洛巴教你：邊工作，邊開悟	原典：那洛巴尊者、釋論：堪千創古仁波切	390 元
34	明明白白是自心	原典：達波札西南嘉、釋論：堪千創古仁波切	390 元
35	帝師的禮物：八思巴尊者傳記與教言	原典：八思巴尊者、釋論：第 41 任薩迦法王	390 元
36	恰美山居法 7	作者：噶瑪恰美仁波切、講述：堪布卡塔仁波切	430 元
37	禪定之王：《三摩地王經》精要釋論	作者：帕秋仁波切	350 元
禪修引導系列			
1	你是幸運的	作者：詠給・明就仁波切	360 元
2	請練習，好嗎？	作者：詠給・明就仁波切	350 元
3	為什麼看不見	作者：堪布竹清嘉措波切	360 元
4	動中修行	作者：創巴仁波切	280 元
5	自由的迷思	作者：創巴仁波切	340 元
6	座墊上昇起的繁星	作者：堪布 竹清嘉措仁波切	390 元
7	藏密氣功	作者：噶千仁波切	360 元
8	長老的禮物	作者：堪布 卡塔仁波切	380 元
9	醒了就好	作者：措尼仁波切	420 元
10	覺醒一瞬間	作者：措尼仁波切	390 元
11	別上鉤	作者：佩瑪・丘卓	290 元
12	帶自己回家	作者：詠給・明就仁波切 ／ 海倫特寇福	450 元
13	第一時間	作者：舒雅達	380 元

14	愛與微細身	作者：措尼仁波切	399 元
15	禪修的美好時光	作者：噶千仁波切	390 元
16	鍛鍊智慧身	作者：蘿絲泰勒金洲	350 元
17	自心伏藏	作者：詠給・明就仁波切	290 元
18	行腳：就仁波切努日返鄉紀實	作者：詠給・明就仁波切	480 元
19	中陰解脫門	作者：措尼仁波切	360 元
20	當蒲團遇見沙發	作者：奈久・威靈斯	390 元
21	動中正念	作者：邱陽・創巴仁波切	380 元
22	菩提心的滋味	作者：措尼仁波切	350 元
23	老和尚給你兩顆糖	作者：堪布卡塔仁波切	350 元
24	金剛語：大圓滿瑜伽士的竅訣指引	作者：祖古烏金仁波切	380 元
25	最富有的人	作者：邱陽・創巴仁波切	430 元
26	歸零，遇見真實	作者：詠給・明就仁波切	399 元
27	束縛中的自由	作者：阿德仁波切	360 元
28	先幸福，再開悟	作者：措尼仁波切	460 元
29	壯闊菩提路	作者：吉噶・康楚仁波切	350 元
30	臨終導引	作者：噶千仁波切	320 元
31	搶救一顆明珠： 用一年，還原最珍貴的菩提心	作者：耶喜喇嘛、喇嘛梭巴仁波切	440 元
32	轉心向內。認出本覺	作者：普賢如來、慈怙 廣定大司徒仁波切	380 元
33	見心即見佛	作者：慈怙 廣定大司徒仁波切	380 元
34	城市秘密修行人： 「現代瑜伽士」的修學指南	作者：堪布巴桑仁波切	360 元
密乘實修系列			
1	雪域達摩	英譯：大衛默克、喇嘛次仁旺都仁波切	440 元
儀軌實修系列			
1	金剛亥母實修法	作者：確戒仁波切	340 元
2	四加行，請享用	作者：確戒仁波切	340 元
3	我心即是白度母	作者：噶千仁波切	399 元
4	虔敬就是大手印	原作：第八世噶瑪巴 米覺多傑、講述：堪布 卡塔仁波切	340 元
5	第一護法：瑪哈嘎拉	作者：確戒仁波切	340 元
6	彌陀天法	原典：噶瑪恰美仁波切、釋義：堪布 卡塔仁波切	440 元
7	藏密臨終寶典	作者：東杜法王	399 元
8	中陰與破瓦	作者：噶千仁波切	380 元
9	斷法	作者：天噶仁波切	350 元
10	噶舉第一本尊：勝樂金剛	作者：尼宗赤巴・敦珠確旺	350 元
11	上師相應法	原典：蔣貢康楚羅卓泰耶、講述：堪布噶瑪拉布	350 元
12	除障第一	作者：蓮師、秋吉林巴，頂果欽哲法王、祖古烏金仁波切等	390 元

13	守護	作者：第九世嘉華多康巴 康祖法王	380 元
14	空行母事業： 證悟之路與利他事業的貴人	作者：蓮花生大士、秋吉德千林巴、蔣揚欽哲旺波、 祖古．烏金仁波切、鄔金督佳仁波切等	390 元
15	無畏面對死亡	作者：喇嘛梭巴仁波切	480 元
心靈環保系列			
1	看不見的大象	作者：約翰．潘柏璽	299 元
2	活哲學	作者：朱爾斯伊凡斯	450 元
大圓滿系列			
1	虹光身	作者：南開諾布法王	350 元
2	幻輪瑜伽	作者：南開諾布法王	480 元
3	無畏獅子吼	作者：紐修．堪仁波切	430 元
4	看著你的心	原典：巴楚仁波切、釋論：堪千 慈囊仁波切	350 元
5	椎擊三要	作者：噶千仁波切	399 元
6	貴人	作者：堪布丹巴達吉仁波切	380 元
7	立斷：祖古烏金仁波切直指本覺	作者：祖古烏金仁波切	430 元
8	我就是本尊	作者：蓮花生大士、頂果欽哲仁波切、祖古烏金仁波切等	440 元
9	你就是愛，不必外求： 喚醒自心佛性的力量	作者：帕秋仁波切	390 元
10	本淨之心： 自然學會「大圓滿」的無條件幸福	作者：鄔金秋旺仁波切	399 元
如法養生系列			
1	全心供養的美味	作者：陳宥憲	430 元
佛法與活法系列			
2	我的未來我決定	作者：邱陽．創巴仁波切	370 元
4	蓮師在尼泊爾	作者：蓮花生大士、拉瑟．洛扎瓦、賈恭．帕秋仁波切	390 元
6	薩迦成佛地圖	作者：第 41 任薩迦崔津法王	370 元
7	蓮師在印度	作者：蓮花生大士、拉瑟．洛扎瓦	430 元
不思議圖鑑系列			
1	王子翹家後	作者：菩提公園	360 元
2	福德與神通	作者：菩提公園	350 元